頭のよさとは「説明力」だ

知性を感じる伝え方の技術

齋藤 孝

詩想社
— 新書 —

まえがき◎九割の人は「説明力」を身につけていない

現代において上手な説明ができるということは、まわりの人を幸せにします。簡潔でわかりやすい説明をすることで、最少の時間で最大の意味をやり取りできれば、多くの時間を節約することができるからです。

しかし現実には、しっかりとした説明力を身につけている人はほとんどいません。九割の人は、満足な説明ができていないというのが現状といえます。

私たちは子どものころからなんとなく自己流で「説明」をしてきてはいますが、それだけでは「上手な説明力」はけっして身につかないのです。長年、大学で教えている私からすれば、それを目的としたトレーニングをしないかぎり、上手な説明力は身につかないことがわかります。

本書でも紹介していますが、私は大学生たちにあるテーマについて、「一分間で説明してください」と毎週、課題を出してスピーチをさせています。初めてやるときはみな、前置きが長すぎて一分でうまくまとまらなかったり、内容のポイントを押さえられなかったり、速くしゃべりすぎて三〇秒で終わってしまうといった失敗をします。

上手に最初から説明できる人は、だいたい全体の一割くらい。あとの九割は一分間でまともな説明ができないのです。

しかし、それも当然です。これまで、ストップウォッチで計りながらポイントを過不足なく説明するという訓練をしたこともありませんし、学校の試験においても筆記ばかりで、口頭の説明能力を問われる経験をしていませんので、説明力というものを意識的に伸ばそうという経験が足りていないのです。

ところが社会人になると、急に、説明力が求められるようになってきます。職場では口頭でかいつまんで要領よく説明する能力が求められ、その能力が高い人は好まれます。

日常の会話においても、複雑なことを整理してわかりやすく説明できる人は、「頭がいい」と、まわりから評価されますが、その逆に、いい大人になっても要領を得ない話、意図がなかなか伝わらないような話をしていると、「話の長い人」というネガティブな評価を下されてしまいます。

こういった現状にあって、自身の説明力をアップさせたいと考える人も多いと思います。しかし、その方法論を多くの人は知らないのです。

本書はそうした説明力を身につけていない多くの人たちに向けて、どうしたらその能力を向上させることができるのかを、私が大学で学生さんたちに教えている経験をもとに書いたものです。

この本自体を、「説明力トレーニング教室」だと思って、読んでいただければいいと思います。一つ一つの項目で、具体的なヒントやトレーニングメニューをできるだけ書きました。

一分間の説明能力についても、トレーニングをすればするだけ本当に上手になっていきます。三回、四回練習をするだけで、あっという間にうまくなります。そして、卒業のときにはもう、全員が見違えるようにうまくなっているということを、私は毎年経験しています。

これまでは無意識に繰り返していた説明を、「このポイントに気をつけて」と意識化してトレーニングするだけで、一気に説明力は向上するのです。本を読んで意識化し、その後、それほどハードなトレーニングを経なくても、何回かやるだけで上達します。

たとえば、「一五秒プレゼン」というトレーニングも行うのですが、ストップウォッチを使って三回か四回やってみると、「あ、こんなものか」と一五秒の感覚に気づき、その後、話がてきぱきとしてくるのです。


本書の第一章では説明力とはいかなる能力で、どういったスキルが求められるのかを解説しています。私たちが説明のうまい人に出会うと、「頭がいいなぁ」と思うのはなぜなのかを解き明かし、「上手な説明」とは具体的にどのようなものなのかを、明らかにしています。

第二章では、上手な説明の基本構造を紹介し、説明の組み立て方を学びます。このフォーマットを踏襲することで、説明力は飛躍的に向上します。

第三章では、説明力をアップさせる日常的なトレーニング方法を紹介しています。ここでお勧めする練習法を試すことで、確実にあなたの説明力は伸びていくはずです。

そして最後の第四章では、上手な説明におけるいくつかの技術と、資料づくりの方法などを紹介しています。言ってみれば、説明力の応用編といったものです。

ぜひ、この本であなたも、まわりの人が思わず感心してしまうような、上手な説明力を身につけてください。

齋藤　孝

頭のよさとは「説明力」だ◎目次

第2章 「組み立て方」で説明は一気にうまくなる

第3章
日常生活で「説明力」をアップさせる方法

第4章 心を動かす「説明力」の応用

校正／萩原企画
構成／雲沢丹山

第1章

知的な「説明力」とは何か

実はほとんどの人が、説明下手である

上手な説明には、まわりの人を幸せにする力があります。生きるということは、「時間」そのものです。誰もが与えられた時間を、自分にとって価値のあることに有効に使おうと生活しています。

しかし、私たちの日常は、必ずしもすべての時間を自分の思ったように使うことができないものです。とくにビジネスの場面では、長時間の会議や報告などによって、時間を無駄にしてしまったと不満を抱える人も多くいます。

私も会社勤めをする知人から、「うちの会社の会議は無駄に長いんです」とか、「部下のトラブルの報告を受けていたら、仕事が何もできなかった」といった愚痴を聞いたことがあります。

こういった問題の根本原因は、実は説明力の不足にあります。会議も、説明の下手な人が仕切ると、不必要に長くなります。トラブルの報告も説明力がないと、聞き手はいつまでたっても事態の把握ができず、解決策の提示に至りません。

つまり、説明の下手な人がいることによって、まわりの人の時間はどんどん奪われてしまうのです。逆に、説明のうまい人は、効率的に情報をやり取りすることができ、まわりの人の時間を無駄にしません。それはまわりの人たちの人生を浪費させず、幸せにするものだと私は考えています。

それほど私たちの生活に欠かせない説明力ですが、実際、しっかりと身につけている人はあまりいません。ほとんどの人が説明力などというものを意識せず、「それなり」の説明を無自覚にしているのが普通だと思います。

だからこそ、まれに、最小限の時間でズバッとわかりやすい説明をする人がいると、「すばらしい！」とみんな感心してしまうのです。

そもそも説明力というものは、小学校一年生のときから私たちに必要とされる能力です。学校の科目としては、国語、算数、理科、社会などがありますが、それらすべての教科を学習する際や、学校も含めた生活全般にわたって説明力は常に求められ、日常的に使う能力といえます。

しかし、学校でも本格的な科目として設定されていないこともあり、また、空気のように私たちのまわりに当たり前のようにあるものだからこそ、ほとんどの人が取り立てて鍛えてこなかったといえるのでしょう。

そのため、とても優秀な大学の先生やビジネスパーソンであっても、いざ説明という場面になると、もたもたする人は意外に多いものです。たった一分間の間に、五回も六回も「ええと…」を言ったりする人もいます。

これは、説明と時間を結びつけて考えていないから起こることです。説明力の基本とは、常に時間感覚とセットで意識するということなのです。

説明力を構成する要素はいくつかありますが、まず、第一に挙げることができるのが、この「時間感覚」です。

現代社会において私たちは、常に時間がないなかで意味をやり取りしなければいけない状況にあります。そのとき、この意味のやり取りが的確に効率よくできる人は、まわりからもたいへんありがたがられるのです。

上手な説明はまわりの人たちの時間を節約し、その幸せに貢献しているのです。そういった感覚をもって、常に時間を意識して研ぎ澄まされていったものが、まわりからも一目置かれるような優れた説明力になっていくのだと私は考えています。

説明力に、その人の知性が垣間見える

何気ない会話から、その人の知性を垣間見るという瞬間がありますが、その最たるものが「説明」の場面だと私は思います。

なぜ、説明をするとき、その人の知性が透けて見えるのでしょうか。そもそも私たちが「頭がいい」と受け止めるポイントはいくつかありますが、もっとも一般的で多くの人たちが尺度としている部分が、「理解力」だと思います。

込み入ったことを理解できる人、複雑な意味が頭のなかで整理されている人は、「頭がいい」と誰しも思うものです。そしてその理解の度合いは、誰かに何かを説明をするときにあらわになります。

よく理解している人は、複雑なことであっても、シンプルに整理して説明できま

す。自分のなかで、わかりやすく順序立てて構成することもできます。

相対性理論や重力波をわかりやすく説明できる人は、「頭がいい」とされます。しかし逆に、理解力の乏しい人の説明は、いまどこを説明しているのかもわからず、聞き手に霧のなかをさまよっているような不安感を抱かせる場合が多くなります。すると、「この人は詳しいのかもしれないが、知性がいまひとつなのかな」という印象を与えてしまうわけです。

たとえば何かのトラブル処理の際も、よく理解している人は、「こうすればいいんですよ」と、本質的な部分、結論から言ってくれます。しかし、しっかりと意味を把握しきれていないと、もたもたとしたまわりくどい話になったり、自分自身も着地点を探しながら話すようなことになってしまいます。これでは聞いているほうは、説明は細かいけど、なんだか腑に落ちないと感じます。

説明する物事の要点を取り出して、体系立てて理解することが、上手な説明をするためにはまず必要なのです。これは「要約力」と言い換えることができます。

限られた時間で過不足なく意味をやり取りするためには、高いレベルの要約力が求められます。

要点がわかっている人の説明は、一分も聞けば、「ああ、この人はいろいろなことがわかっていて、いまこの話をしているんだな」ということが自然に伝わってくるものです。

ただし、うまい説明のできない人がすべて理解力に乏しいかというと、そうではありません。

実は、説明力とはアウトプットする技術であり、その手法を意識して考えたことのない人は、もたもたとした要領を得ない説明になってしまうことがあります。

大学教授や研究者、専門家のなかにも、説明が下手な人がいますが、そういった人たちが理解力がなく、クリエイティブではないということではけっしてありません。ただ、説明というアウトプットの方法を意識していないのです。

また、研究者の特性として、なかなかすっきり説明できないという事情があることも確かです。探り探り暗闇のなかを切り開いていくのが研究者の作業ですから、完全にわかりやすく説明しきることができない事情もあるのです。

しかし、私たちが日常で扱う説明においては、そのようなことはまずないでしょう。説明とは、ある種のスキルですから、意識して取り組めば必ずうまくなります。

本書で紹介するフォーマットで練習をすることで、要約力は伸ばせますし、それによって説明力も向上します。

説明に必要なのは「時間感覚」、「要約力」、「例示力」

説明力というものを大まかに分解していくと、そこに求められているものは、前述した「時間感覚」と、内容の本質をつかむ「要約力」になります。

そしてもう一つ、具体例を挙げる「例示力」も必要な要素といえます。

たとえば、就職試験の面接などで、「学生時代はいろいろ頑張ってきました」などと言ったら、面接官は「いろいろというのは、たとえばなんですか?」と必ず聞くのではないでしょうか。

そのときに、「バイトや勉強とか……」などといった漠然とした答えや、「たとえばと言われても、ちょっといま話すのは難しいですが……」などと答えたとしたら、面接官に対して、自分がどのような人間なのかの説明にはまったくなっていません。

面接官も受験者がどんな人かよくわからず、そのような漠然とした説明をする受験者のことを、ちょっと出来の悪い人と思うに違いありません。

具体例を挙げる能力が乏しいと、説明がうまくいかないだけでなく、その発言者がぼんやりとした人、思考力の乏しい人といったイメージも相手に与えてしまいます。

逆に聞き手が、「ああ、要するに、そういうことなんですね」と、すぐに腑に落ちる上手な具体例を示せる人は、相手からも理路整然とした頭のいい人と思われます。

就職試験では、自分の人となりをわかってもらいたい、自分を説明したいと考えるから、自己分析をして、エントリーシートに自分のことを書くわけです。しかしそこで、的確なエピソードを書ける人は意外に少ないものです。

そのため、例示力がある就活生がいると、それだけで他の人たちよりも面接官の興味を引くことになり、面接に通りやすいという傾向があります。それほど、エピソード力、例示力というものは、相手の理解を一気に進めるパワーがあります。

いくら要点を押さえて、簡潔に説明したとしても、抽象的な内容に終始するようだと、相手はなかなか理解してくれません。

説明力とは大まかに言って、次の三つの力によって構成されています。

1　時間感覚

2　要約力

3　例示力

説明力を向上させたいと考えるのであれば、この三つの要素を伸ばすことが効率的な方法論となります。

本書ではその部分を中心に、これから具体的方法をご紹介していきます。

「時間感覚」は鍛えればすぐ効果が出る

時間感覚を身につけるということは、言い換えれば、自分の発言を「時間」で管理するクセをつけるということです。ほとんどの人が、自分が一分間でどれだけのことを話せるか、一五秒だったらどれだけ話せるのかといったことを知りません。まず、これを知って、体感としてわかることが大切です。

具体的な方法論は二章以降で述べていますが、私は学生さんたちに、五秒、一五秒、一分という単位で、「〇〇について説明してください」という課題を出しています。

こういった練習を毎週やっていると、五回もやれば、その時間にどれだけのことが話せるのかが感覚としてわかります。

また、時間が限られたなかで、できるだけ多くの意味を伝えるように取り組むので、必然的に「えー」とか「あのー」などといった無意味な発言はなくなり、とてもてきぱきとした話し方ができるようになってきます。これだけでも、説明のうまい人だな、といった印象になってきます。

一五秒の単位でどれだけのことが話せるかがわかると、その一五秒を四つ組み合わせて一分間を構成することができるようになります。練習をすることで、非常に中身の濃い一分間の説明ができるようになるのです。

会議などで司会者に、「最後に一言いかがですか」とふられて、三分も五分も話しはじめてしまう人がよくいますが、「一言」と言われたら、普通は一五秒から、せいぜい一分間くらいのものでしょう。それなのにとうとうと話して、まわりの人をイライラさせてしまうのも、時間感覚がないからだといえます。

時間感覚が研ぎ澄まされてくれれば、「一分だけ発言させてください」と逆に自分から言って、そのとおり、ピタッと一分間で理路整然と中身の濃い発言を終えるということができるようになるはずです。

このような能力は、時間を計ってトレーニングをしなければ、けっして身につけられないものです。だからこそ、練習したことがあるか、ないかではっきりと差が出ます。また、練習をすれば、意外にすぐ効果が表れる部分でもあるのです。

「ヘリコプター方式」が上手な説明

要約力が高いと、的確にその対象の「本質」が把握できます。短時間で説明すべきときは、ズバッとワンフレーズで説明できますし、ある程度時間があるときでも、先に本質を提示して、そこから各論に入っていくことが可能です。

悪い説明でよくあるパターンは、核心に至るまでまわり道をするというものです。外堀を埋め、内堀を埋め、そしてようやく天守閣にいくという説明では、時間がかかりすぎますし、聞いているほうは全体像が見えなくなり、ポイントが不明瞭でわかりづらいものになってしまいます。

まず先にポイントを明示して、そこから説明を始めると、聞き手もこの話がどこに向かっているのかがわかり、安心して聞いていられます。

わかりやすい説明とは、ヘリコプターで目的地に直接降りるようなものです。まず、事の本質、ポイントから明示して、てきぱきとした話し方、簡潔な構成で、最低限の時間で完結するのが上手な説明です。

私もよく講演会の依頼をいただくことがあるのですが、毎日忙しくしているので、その打ち合わせの時間を取ることにも苦労をします。

やっと打ち合わせの時間が持てたとしても、その場で先方が自分の会社概要から長々と説明を始めたりすると、思わず気を失いそうになってしまいます。

そのようなときは、私のほうから質問をすることで、相手の説明を軌道修正します。「私にどういった話をしてほしいですか」と、こちらから先に質問をして、本題から議論に入るようにしています。

説明の下手な人は、本質的な部分、相手が聞きたいと考えている部分ではなく、自分の話したいと思った箇所を優先的かつ重点的に説明する傾向があります。

ポイントとなる部分はどこなのか、相手が知りたいという部分はどこなのか、そこを把握して、そこから優先的に説明していくことが、わかりやすい説明の基本となります。

相手の要望を聞き出すことで、本質も見出しやすくなるのです。

究極の説明は一語で完結

要約力が研ぎ澄まされてくると、一語で「なるほど！」と相手が納得する説明ができるようになります。たった一語で本質をつかみ、ほんの一秒足らずで絶妙に対象を言い表すことができれば、それはまさに究極の説明です。

究極の説明例として、世界的に著名な仏教学者である鈴木大拙のエピソードをご紹介したいと思います。鈴木は哲学者の西田幾多郎とも交流があり、世界に禅文化を広めた人物です。

一八七〇年生まれの鈴木大拙が活躍したころは、まだ、禅についての海外での理解はほとんどありませんでしたが、そのような時代にあって、英文で禅についての多くの著作を著しています。

いまでこそ、「ZEN」というものが、日本で花開いた禅文化というもので、ある種の心の持ちよう、マインドのあり方として世界の人たちがなんとなく知っていますが、それはひとえに鈴木大拙が英語で文献を書き、説明してきたからなのです。

鈴木大拙は、禅マインドを英語の単語一つで表すとしたらどう説明するかと聞かれ、それは「let（レット）」だと言ったという話が残っています。

letは「～ままにしておく」という意味で、Let It Beなら「それをあるがままにしておく」という意味です。つまり禅というのは、自分が何々をするんだ、こうしてやるのだ、というものではなく、自分を無くして無くして、それを「let」の状態に置くのだということを一言で表したのです。

ドイツの哲学者であるオイゲン・ヘリゲルの『弓と禅』という本のなかでも、弓道と禅がつながっていることが触れられていますが、弓道では「はなれ」といいます。自分が弓を「はなす」ではなく、「はなれる」というふうにいうのです。そこに自分はありません。また、あなたが射ようとしたのではなく、「それが射ました」

というふうな言い方をすると説明しています。

英語なら「それ」は「it」です。たとえば、映画『アナと雪の女王』で流行った『Let It Go』という曲がありますが、この「it」は、何か鬱屈した、これまで押し込められていた力や思いのことで、それを解き放たれるがままにさせなさいということで、「let」なわけです。

このような「ままにしておく」という意味の「let」一語に着目して禅を説明してしまうというのは、芸術的な説明力だと私は思います。抽象的でわかりづらい事物を、誰もがわかる一言でスッキリと言い表しています。

このような本質を言い表すワンフレーズ、キャッチフレーズをつくることは、説明の技術としてもとても重要なものです。

その意味でも、鈴木大拙のこの例は、究極の説明のいいお手本でしょう。私たちもこのレベルには届かないまでも、事の本質をつかみ、それを一語でビシッと説明できる能力を身につけたいものです。

ただ、つけ加えておくと、一語で説明するといっても「愛」や「人生」といった一語では説明にはなりません。

よく学生たちに、一語で説明しなさいといった問題を出すと、音楽とは「愛」です、芸術とは「愛」です、といった答えをする人がいますが、「愛」ではどんな説明にも当てはまってしまいます。

これではその事物ならではの本質をとらえているとは言えませんし、聞いているほうも、「なるほど！」と納得をしてくれないはずです。それだけ一語で説明するということは、その対象への深い理解が必要になってくるのです。

「相手が覚えられるレベル」に要約する

説明が不得手な人は、要約が下手な場合が多いものです。対象の意味をうまく要約して把握できないから、説明もうまくできないという側面があります。

要約する際の最大のコツは、ポイントをできるだけ少ない数に絞り込むということです。あれもこれも説明したいと考えてしまいがちですが、思い切って切り捨てることが、上手な説明をするカギになります。

たとえば、儒教の大本は孔子の『論語』ですが、そもそも『論語』とは、二五〇〇年前の中国の人格者・孔子が話したことを、お弟子さんたちがまとめた言行録です。本一冊ですが、内容の一つ一つがとてもいい言葉なので、要約がとても難しいものです。

私はこれまでに『論語』の現代語訳など、関連書籍を一〇冊以上出しているので、『論語』の内容については詳しく知っています。だからこそ、『論語』とは何か説明してくださいと言われたら、どうしても説明が長くなってしまいます。

これは、専門家が陥りがちな罠なのですが、説明されるほうは、たくさんの情報を一度に聞いても複雑化するだけで理解ができなかったり、冒頭で説明されたことなど、すぐに忘れてしまったりします。

ですから『論語』を読んだことがない人、つまりその知識がまったくない人に説明するときは、徹底的に要約を絞り込む必要があります。それも、相手が覚えてしまえるくらい、ポイントを絞り込むことが上手な説明のコツです。

孔子は、「仁《じん》義《ぎ》礼《れい》智《ち》忠《ちゅう》信《しん》孝《こう》悌《てい》」というような、徳を説いた人ですが、これらをすべて説明しても、内容に入りすぎてしまって、相手は理解できません。一般の人にとって、徳の数も多い気がします。

そこで私は手短に「孔子が説いたのは知仁勇です」というふうに絞って説明する

ようにしています。

「知（智）」というのは知性、判断力で、「仁」というのは真心があって誠実であり優しいということ。「勇」というのは勇気、行動力です。これはそんな難しいことを言っているわけではないので、だいたいの人が理解できます。

でも、これを身につけるということはとても難しい。ですから、「知仁勇の三つを、一生かけて見つけていくことを孔子は説いたのです」というと、手短な説明になります。

『論語』のなかには、「知者は惑わず、仁者は憂えず、勇者は懼《おそ》れず」という言葉があります。知者は判断力があるので惑うことがない、迷うことがない。そして、仁者というのは自分が誠実に尽くしているので憂いがない、こうしておけばよかったなどということもないということです。勇者は、もちろん勇気がありますから行動力があって懼れることがありません。

このように、知仁勇の三つを、孔子はワンフレーズでスパッと伝わるように要約しています。

孔子やイエスやブッダなどの偉大なところは、このようにスパッと一言で言うところです。どれも説明力としては、非常にキレがいい。「過ぎたるは猶《なお》及ばざるがごとし」というふうに、要約した言葉の一つ一つがことわざになって後世に残ってしまうというくらい、説明の達人なわけです。

しかし、いいことを言っているからといって、それらをたくさん説明しようとすると、結局、聞いているほうはなんだかわからなくなってしまいます。

そのため私は、これならみんなが覚えられそうだというラインの、「知仁勇」の三つに絞った説明をよくしています。

もちろん、ただやみくもに他のものを切り捨てて絞ったわけではなく、そこが核になると考えたからでもあります。儒教でも三つの徳として、「三徳」と言いますが、このときも「知仁勇」が選ばれています。また、西郷隆盛も「知仁勇」を一つの柱にして生きていました。

知もわかる、仁もわかる、勇もわかるということになれば、一応、孔子の伝えたかったことの中心は捉えたということになるといえるでしょう。

説明の下手な人は、ポイントを絞り込むことが下手なのです。あれもこれも伝えようと説明が多岐にわたり、時間ばかりかかってしまって、結局、ポイントがなんだったのか、どういう話だったのかも相手によく伝わらないことが出てきます。聞いている相手が覚えてしまえるくらいのレベルにポイントを絞り込む、このことを心がけるだけで、説明力は格段にアップします。

ポイントは三つに絞る

説明のうまい人は、説明するポイントを絞り込むことがうまく、「これは説明しない」と切り捨てることが上手です。

しかし、「これはいらない」と切り捨てるのは、なかなか思い切りのいることです。どうしても、「この内容も話したほうがいいかな」と迷うのが普通でしょう。

そこで私がみなさんに提案したいのが、内容を要約する際には、ポイントは必ず三つに絞ると決めてしまうということです。「三つ」という明確な目安を定めると、そこに向かって、他の要素を切り捨てていくこともやりやすくなります。

ポイントが四つ以上になると、説明は必ずわかりづらくなっていきます。聞いている相手が覚えてしまえるくらいのポイントの数に絞り込まないと、その場で「わかった感」を引き出す上手な説明にはなかなかなりません。

以前、ハーバード流の交渉術をテーマに、弁護士の方と一緒に本を出したことがありました。もともとハーバード流交渉術では、七つくらいのポイント、キーワードがありました。

しかし、その七つすべてを解説したとしても、すべてを活用することは現実的ではないと私は考えました。弁護士の方なら、もしかすると慣れているので大丈夫かもしれませんが、一般の方にはまず無理だと思ったのです。

そこで、七つのポイントから、より重要で使い勝手のいい三つのポイントを選び出して、その三つについて解説することに共著者の方と話し合って決めました。「利益、オプション、ＢＡＴＮＡ（バトナ）」の三つです。

「利益」とは、交渉をするときには、お互いの利益を最大化するように利益を発見し、すり合わせていくことが重要という意味です。「もしかしたら、これもありかもしれませんね」とか、「こういうことをやったら、副次的にこれも利益になるかもしれない」、「うちの提供できる利益はこういったものもあります」というような形で、利益に着目し、それを中心にして交渉をまとめていくという考え方です。

「オプション」は別の選択肢を用意するということです。一つの提案だけでなく、さまざまな選択肢を準備し、それを組み合わせながら合意を得ていくという方法です。

最後の「ＢＡＴＮＡ」というのは、交渉がまったくだめで決裂したときのために、必ず別の交渉相手を確保しておくという考え方です。たとえば、一人の女性にデートの誘いを完全に断られたとしても、そこで絶望するのではなく、「では……」とＢＡＴＮＡ、つまり「Best Alternative to Negotiated Agreement」に行くということです。

つまり、交渉決裂時の次の策を持って交渉をすると、気持ちが楽になって不本意な交渉を強いられなくていいという意味です。

この三ポイントを取り上げ、シンプル交渉術というふうに名づけて、本では説明していくことにしました。

さらにはその三つについても、利益、オプション、ＢＡＴＮＡの順に、優先順位も決めて説明することにしました。そうすると重要度が整理されて、読み手にとっても、とてもわかりやすくなります。

ポイントを並列に並べて三つ説明されるよりも、その三つの関連性、優先度を明確にして提示されたほうが、説明されるほうはさらにわかりやすくなるのです。

みなさんも何かを説明する、プレゼンする際は、まずポイントを三つに絞ってみてください。そしてその三つの優先順位まで示せれば、かなりわかりやすい説明が可能になるはずです。

身体感覚で「わかった感」を生む説明

先ほどの『論語』の説明を講演などでする際には、私はさらに一つの工夫をしています。

「孔子の説いたのは知仁勇です」と説明しながら、みなさんに手を出していただいて、手のひらを「知仁勇」に対応する体の部分に当ててもらうことがよくあります。

「そこが知、仁、勇の場所ですよ」という説明を加えるのです。

まず、前頭葉のおでこのところを「知」と言いながら触れます。

「仁」は優しさであり、胸に手を当てる。

「勇」は臍下丹田《せいかたんでん》、おへその下に手を当ててもらいます。

そうすると聞いているみなさんも、「たしかに前頭葉は知性で重要だ」、「真心は胸にあるな」、「おへその下には昔から勇気の場所があると、武士道では言っていたな」というふうに思い出したり、考えたりすることができます。

このように、これまでの自分の知識や経験と、いま説明されていることが結びつくと、一気に理解は進み、記憶に残るものとなります。

ここではさらに、孔子の教えである儒教という抽象的なものが、自分のおでこや胸などの体に手を当てるという身体感覚と結びつくことで、わかりやすい説明となっています。

優れた説明とは、聞き手に「わかった感」を通常以上にもたらすものです。この「わかった感」は、聞き手の経験や知識を喚起するような説明や、身体感覚をともなうような説明がうまくいくともたらされることがあります。

これは上手な説明をするプラスアルファのノウハウとして、知っておいてもいい方法だと思います。

まったくわからないものを、おおよそわかるもので説明する

説明力の三要素のうちの一つは、「例示力」です。例示とは何か、あらためて整理すると、それは「相手がまったくわからないものを、おおよそわかるもので説明する」説明の基本技術です。

「禅マインド」という非常に説明しづらいものが鈴木大拙によってすっきりと説明されたために、いまではアメリカのスポーツ選手、たとえばプロバスケットボール選手のマイケル・ジョーダンなども「禅マインド」については知っています。

シカゴ・ブルズでマイケル・ジョーダンは三連覇を二度しますが、そのときの監督のフィル・ジャクソンは控え室で必ず禅の話をしたといいます。「マイケル・ジョーダンは禅マインドのマスターだ」というふうに言っていたといいます。

一点差で負けている試合、残り五秒でジョーダンにパスがわたり、彼のシュートが決まらなければ負けるという瞬間にも、冷静でいられる心のあり方こそ禅マインドであり、ジョーダンにはそれが備わっているとフィル・ジャクソンは説明しています。

「禅マインド」のような、人が悟ったような状態、冷静な状態がどういうものなのかを伝えることは究極に難しいことです。それを英語で、鈴木大拙はどのように説明していったのでしょうか。

彼はさまざまな日本の文化、つまり、茶道や剣道などと禅を結びつけながら説明をしたのです。おおよそなんとなくわかる茶道や剣道を例として使いながら、禅の理解につなげていきました。

相手がまったくわからないものだと、いくらそれだけを説明しようとしても理解させるのは難しいのです。

禅というものを説明するのであれば、他のこういうものも禅であり禅マインドであると説明することで相手に簡潔にわからせることができます。

たとえばバスケットボールであれば、残り時間数秒のところで、普通の人ならパニックになりそうなときに、マイケル・ジョーダンは冷静でいられる。つまり、彼はもう、禅マスターなんだよと言えば、聞いている人に禅はわからなくても、マイケル・ジョーダンのここ一番の冷静さは知っています。

彼のまわりだけ静かな時間が流れているように見える、もしかすると、あれが禅なのかもしれない。そうであれば、「禅マインド」は自分たちの身のまわりにもあって、実際に目にしているのだと感じます。そして、「ああ、あれが禅か」と理解できるのです。

説明しようとしていることや、ものが、すでにこういうところにもありますというふうに指摘すると、パッとわかりやすい説明になるのです。「もう、あなたはすでにできていますよ」と言うとさらにわかりやすい。禅や悟りの説明は難しいですが、「すでにあなたの、いま、この状態が悟りです」というふうに言われたら、「はっ」と気づく。

臨済宗の開祖である臨済は、その言行が『臨済録』という本にまとめられていま す。弟子たちが臨済に、「悟りとは何ですか」、「仏陀はどこにいますか」と問うと、「探し回っている、その君たちの頭に仏陀がいる」というふうな説明をします。外を探し回るのではなく、「探している、そのあなたが仏陀なんだ」というふうに言って、弟子たちも「はっ」と気づくという話があります。

これも、わかりづらい事物を、すでにあるものを使って、「つまり、こういうことです」と説明する例と言っていいでしょう。

一例を挙げるだけで説明し尽くす技術

例示のうまい人は、くどくど説明をするのではなく、的確な一つの具体例によって説明を全部終えてしまうこともできます。

とくに抽象的なものや、一般化しづらい複雑なものを説明する際は、時間をかけて細かく説明していくよりも、「たとえば、こういうことです」と、一例を挙げるほうが時間もかからず、素早く相手の納得感を得られるものです。

私の好きな作詞家に松本隆さんがいます。松田聖子さんのたくさんのヒット曲や、寺尾聰さんの『ルビーの指環』など、膨大なヒット曲を手掛けている方ですが、以前、テレビ番組でご一緒したことがありました。

その場で、「どうやってあのような素晴らしい詞をつくっているのですか」と司会の方に聞かれていましたが、この質問に対する説明はとても難しいものです。作詞とは才能や感性といった抽象的な部分で成し遂げられている作業ですから、言語化しづらいですし、それぞれの曲によって個々で違ってくる複雑な作業です。それを一般化して、「こうです」と表現することは難しいものです。

そのとき松本さんは、KinKi Kids のデビュー曲である『硝子の少年』という曲を例に挙げて、「この曲は、こういうイメージでつくりました」と説明されていました。

『硝子の少年』の詞は、『金色夜叉』が下敷きになっていると話されていました。たしかに詞のなかには、宝石と書いて「いし」と読ませて、宝石《いし》で心を売り渡すのかといった表現が出てきます。まさに、貫一お宮の世界を連想させます。

このように、「たとえば、この曲をつくったときには、こういうふうにしました」「ここに工夫をしました」というふうに説明をされると、「ああ、なるほど。その曲、私も知っていますし、わかりました」というふうに聞き手も一発で納得します。

しかしそこで、作詞の過程をこまごまと説明したり、その方法を一般論で語ったりしたとしたら、なかなか相手には理解しづらいですし、第一、相手が興味を持つような面白い話にもならないでしょう。

それよりは誰もがイメージしやすい具体例を一つ挙げるほうが、断然にわかりやすく、聞き手の「わかった感」もすぐに得ることができるのです。

画家について説明する際も同じことがいえます。たとえば「ゴッホのすごさ」を作品全般にわたって説明されるよりも、一枚の絵を丁寧に説明してくれたほうがわかりやすいということもあります。

『美の巨人たち』（テレビ東京）という番組がありますが、そこでは「今日の一枚です」といって、その一枚を通して画家の本質を三〇分ほどの番組で伝えます。

それをもし、もっとたくさんの作品を羅列して見せられてしまうと、なんだか散漫になって結局よくわからなかったということになるのだと思います。あるいは、言葉だけでずっと説明されたとしても、もう少し現物に即して説明してほしいという不満を持つはずです。

モネの絵に雪景色を描いた『かささぎ』という作品がありますが、「この影に注目してください」と言われたり、『印象・日の出』という作品の、「この赤い太陽の描き方に注目してください」と言われれば、聞いているほうもその部分を見て「おおっ」、「なるほど」となるのです。

ですから、「今日はこの一枚を取り上げてみましょう」というのは、その画家と作品について手っ取り早く理解することを可能にする絶妙の例示といえます。

説明では現物が最強の武器になる

例示のなかでも、もっとも威力を発揮するのは「現物」です。説明の場で現物を示すというのは、少々インチキのように感じるかもしれませんが、そんなことはありません。現物主義は、説明の基本技術です。

以前、対談したデザイナーの佐藤可士和さんに、セブンイレブンの仕事を受けるきっかけを伺ったことがあります。

あるとき、セブンイレブンの上層部の方に、佐藤さんがデザインした携帯電話を見せてほしいと言われたといいます。それで現物を見せたところ、その場で、「うちのデザインをお願いしたい」と仕事が決まったそうです。

セブンイレブンといえば全国にたくさんのお店がありますが、そのロゴの仕事や制服のデザインなどといった、ブランディング全般にわたる大きな仕事が、あっという間に決まったといいます。

佐藤可士和さんはこれまでたくさんの仕事をなさっていますから、それを言葉で説明しようとすると、ものすごく長くなってしまいます。しかし、現物を見せることで、瞬間的に相手の納得を引き出すことに成功しているのです。まさに論より証拠という、現物の強みです。

また、以前、私の本の編集担当をしていた方の話ですが、この人があるとき、別の出版社に転職したことがありました。

どのように会社を移ったのか話を聞くと、中途採用の募集に応募して合格したと言います。面接では、これまで編集担当した本のなかで売れ行きのよかった代表作三冊ほどを持参して、「どのようなお仕事をこれまでなさってきましたか」と質問されたときに見せたそうです。

もちろん言葉で説明することもできますが、すべてを説明するとポイントがボケますし、現物がないと相手もイメージがわきません。しかし、実際に現物を見せられれば、「ああ、この本を担当した人ね」、「この分野が得意なんですね、それならウチでも力が発揮できますね」と、採用に至ったということです。

その場に現物が共有され、しかも相手がそれを知っていれば、「ああ、あれか」と理解はさらに進むのです。

もう一つ、私の学生の例を挙げましょう。私は大学で、将来、教員となる生徒たちを教えていますが、そのなかの一人がメダカのことが大好きで詳しく研究していて、ある講義の時間にそれを発表したいと言ってきたことがありました。

生涯のテーマのように彼が一生懸命研究しているものですから、私もその学生の申し出を許可しました。

すると当日、その学生は自宅のある茨城県から東京・お茶の水の明治大学まで、大人が両手で抱えるほどの大きさの水槽にメダカを入れて、電車に乗ってやってきたのです。

私も他の学生も、「本当にこれを電車で持ってきたのか」と驚きましたが、彼はどうしても実物を見せたかったようです。発表が始まると、とても生き生きと説明をしていました。

聞いている私たちも、目の前に現物がありますから、非常に盛り上がります。「ここを見てください」と言って、目の前を泳ぐメダカを指して説明されると、聞いているほうも「なるほど」ということになります。現物に言葉がプラスされることで、説明にさらに威力が与えられるのです。

現物の威力は、五感が刺激されるところにあります。目の前にしただけで、相手は瞬時にそれを理解できます。一発でわかるという意味では、究極の説明力と言っていいのでしょう。

だめな説明とはどのようなものか

だめな説明とはどういったものかを答えることは、意外に簡単かもしれません。誰でも上手な説明より、下手な説明で苦労したことのほうが強く印象に残っていて、思い出しやすいからです。

だめな説明がわかれば、その逆であるうまい説明とはいかなるものかが具体的に見えてきます。

だめな説明の代表例は、「分厚いマニュアル」です。商品の説明書というものは、あまり読む気が起こりませんし、最初から最後まで読む人もまずいないでしょう。

その理由は、分厚くて情報量が過多であるということ。それに、当座必要のない情報と、いま必要な情報が雑多に入っていること。さらには、いま知りたい情報を簡単に検索できないという点があるのだと思います。

「マニュアルを丁寧に読めば書いてありますよ」と言われたとしても、このような説明書では、実際に説明になっていないといえます。

上手な説明とは、「かゆいところに手が届く」説明です。隔靴掻痒《かっかそうよう》という言葉がありますが、靴の上からかゆい部分をかくようなもどかしい思いを抱かせる説明だとしたら、それはだめな説明でしょう。

分厚いのに肝心なことがわからないと、マニュアルを投げ出したくなってきます。直接、カスタマーセンターなどに電話をして、「こういったトラブルなんですが、どうしたらいいですか」と聞いて解決した人もいると思います。

マニュアル一冊を知らなくても、「いま、自分のこのケースではどうしたらいいか」だけを知りたいわけで、それが解決できるのであれば、それが完璧な説明ということになります。

そういった考え方から、最近のマニュアルには、トラブルの事例に対応した

Q&Aの部分が拡充されています。人によってそれぞれトラブル状況も違いますので、知りたい情報も違ってきます。それらに対応するために、トラブル状況別に索引でき、必要な説明にたどり着けるようになっているわけです。

容易に自分の知りたい情報を検索でき、「固まったときにはまず電源を落としてください」、「それでだめだった場合にはこうしてください」、「それでもだめだった場合にはさらにこうしてください」などと、矢印などで手順が明示してあれば、非常にいい説明書ということになります。

マニュアルの例からもわかるとおり、だめな説明とは情報が過多で、その優先順位も不明確で、情報の羅列でしかないものといえます。

上手な説明をするためには、まず情報を絞り込む。

説明のポイントは三つに絞り、優先順位をつけ、他のものは切り捨てる。

相手にとって、「かゆいところに手が届く」という視点で、情報を絞り込んでいくことが重要なのです。

第２章

「組み立て方」で説明は一気にうまくなる

上手な説明の基本フォーマット

前章では、上手な説明とはどのようなものなのか、また、そこに求められる能力とはいかなるものなのかを整理しました。ここからは、より実践的な説明力アップのための方法をご紹介していきます。

私は大学で、教育実習へ行く学生たちに、実習に必要な心構えや注意事項などを説明する係をよく担当します。

まず、教育実習について本質的な部分を説明し、そのための準備を三つほど優先順位をつけて話します。時間があれば、話した内容を補足するような、教育実習で実際にあった面白い事例も話します。そして、まとめとしていかに実習を迎えるかを話して説明を終えます。

この私の説明を受けた学生が卒業するときに、わざわざ私のところまできて、「先生のあのときの説明があまりにも的確で、こんなに説明がうまい人がいるのかと印象に残っています」と言ってくれたことがありました。

私としてはいつもと同じように説明をしただけで、さほど記憶にも残っていないのですが、その学生にとってはとても印象的だったようです。

上手な説明とは、基本構造が決まっています。それをフォーマットとして意識的に取り組むと、うまい説明が自然にできるようになっていきます。

何度も繰り返すうちに、フォーマットへの落とし込み方がうまくなっていきますし、最終的には意識しなくても、自然とフォーマットに沿った説明をするクセがつきます。

説明力というものは、まさにフォーマット主義を徹底することで上達するのです。

読者のみなさんも、以下の基本構造に沿って常に説明を構成してみてください。

◎上手な説明の基本構造◎

①まず、一言で言うと○○です

本質を要約し、一言で表現。キャッチフレーズ的

⇩

②つまり、詳しく言えば○○です

要約したポイントを最大で三つ。重要度や、
聞き手の求める優先順位を加味して示す

⇩

③具体的に言うと○○です

例示。エピソード、自分の体験などで補足

⇩

④まとめると○○です

これまでの説明の最終的なまとめ

このフォーマットに沿って、どんなときも説明をするのです。

まずは自分で、「関ケ原の合戦について」、「相対性理論について」など、何かテーマを決めて、実際に説明の練習をしてみましょう。その際は、必ず一分間でまとめるように心がけてください。

常にストップウォッチを使って、どれくらいの時間がかかったのかも、チェックしましょう。

四回、五回と練習するうちに、どれくらいの情報量だと一分間にまとめられるかがわかるはずです。この一分間でまとめられた説明が、もっとも簡潔で、聞き手が「よくまとめられている説明だな」と感じる長さといえます。これより長くなってくると、くどくなってきます。

練習する際は、まずは一分間を目安にすることで、簡潔にまとめて、てきぱきと説明する感覚がつかめます。

説明の基本構造が身についてくると、何かの説明を求められたときに、意識しなくても、「この本質を一言で言うと、○○です」と自然に説明を始められるようになってきます。この冒頭部分を聞いただけで、相手は「説明力がある人だな」と思うに違いありません。

本を使った
要約力の実践的トレーニング

上手な説明には、要約力が必要だと前章で述べました。説明したい対象を的確に要約することができて初めて、うまい説明が可能になります。

私はこの要約力のトレーニングとして、大学の講義で、一冊の本をＡ４の紙一枚にまとめることを学生に課しています。毎週、講義のたびに、一冊の本を読んできて、その内容をＡ４一枚の用紙にまとめ、それぞれ一分間で発表するのです。

せっかく文系の学生として大学に入ってきたからには、卒業するまでにたくさん本を読んでその内容を自分のものにしてほしいし、本を読む習慣とともに、本を読める能力も身につけてほしいという狙いも、この課題にはあります。

要約は、以下の手順で進めます。

まず、本の題名を書き写し、その本の趣旨を一二〇文字前後、だいたい三～四行くらいで書きます。

本を読んでいきながら、三色ボールペンで重要な箇所にアンダーラインを引いていきます。とても重要だと思う箇所は赤色で、その次に重要と思われる箇所は青色で、さほど重要ではないが面白いと思う箇所は緑色で印をつけていきます。

そして最後まで読んだら、本の趣旨を三つくらいのポイントにまとめます。第一章でも述べましたが、ここでの注意点は、いくつものポイントを紹介したくなりますが、思い切って三つに絞るということです。これだけで、ぐっとわかりやすい説明になります。

趣旨の書き方としては、まず全体像がわかるように内容をはっきりさせ、「具体的にはこれです」ということで、三つのポイントを添えていきます。

そしてさらに、本のなかから引用文を三つ抜き出してもらいます。自分がぐっときた文章を三つ選び、講義ではそれをみんなで音読することにしています。

最後に、この本のいちばん言いたいこと、キャッチフレーズとなる一文をつくり、趣旨説明の冒頭に書き入れます。

このキャッチフレーズは、ポイントをスパッと言い表しているような切れが必要なこともさることながら、聞いた人が面白そうだと思ったり、なるほどと感じたり、興味を引くようなものになればベストです。

具体例として、私の著書『「文系力」こそ武器である』を要約してみましょう。

題名：『「文系力」こそ武器である』（齋藤孝・著）

一行説明：理系にはない「文系の強み」が世界を動かしてきた

趣旨：この本は、あいまいになりがちな「文系の人」が持つ優れた能力を明らかにしている。その力は三つ。総合的視野で物事をとらえ、大局的に判断する力。具体性、複雑性を好み、そこから価値を生み出す力。ファシリテーターとしてのコミュニケーション力。それらを磨き、人生に生かす方法も説かれている。

引用文：

引用1「根本には、言葉と人間への関心があります。科学的にはとらえづらい領域に対しての深い関心です。ここが、文系人間の一つの特徴であり、強みと言えます。」
引用2「整理するのが理系的な頭のよさだとすれば、同じような現象のなかでも具体的な複雑さを残し、生かしていくのが文系の頭のよさなのです。」
引用3「ファシリテーターとしてコミュニケーションを活性化し、議論を取りまとめ、個人の能力をつないでいく。これは文系がもっとも力を発揮する場であり、文系人間の生き残り戦略の一つでもあると言えるでしょう。」

以上のようにまとめ、講義では各自がこのA4用紙を基に、一分の持ち時間で説明をしていきます。全員、スマホを持っていますので、スマホのストップウォッチ機能を使い、自分で計ってやってもらいます。

一分間で説明するとなると、「えっと……」や「その……」といった前置きをする人がいなくなりますので、「この本は、こういう本です。○○ということを言っています」と簡潔な説明になります。一分で説明を終えて、そのあと引用文をみんなで音読すると、聞いているほうも、読んでもいないのに、その本が相当わかった感じがしてきます。

本を要約するということは、本の内容を自分のものにするということだけではなく、説明力の向上にもたいへん効果的なのです。

もともと本は、説明で成り立っているものが多いのです。全編にわたってぎっしり説明が詰まっているものもあり、その「意味」の山からひときわ輝いているものを取り出して集めるのが本の要約です。これを繰り返すことで、たくさんの要素から本質を素早く抽出し、要約する能力が自然と鍛えられます。

説明力を鍛えたいと考えている方は、まず、この本の要約トレーニングを一週間に一冊でも自分に課して取り組むと、半年もしないうちに自分の要約力と説明力がアップしたことを実感できるはずです。

キーワードを選び、それをつなげるように要約する

素早く、的確に要約をするには、対象の本や資料に三色ボールペンでマークしていくと効率的です。

重要な部分は赤色、その次に重要なものは青色、重要度はそこまでないが面白いと感じた部分には緑色という色分けでマークをします。

色に迷うようなら、適当でもかまいません。大切なのは、マークする「勇気」です。

ボールペンでポイントをマークする際は、文章や重要語句だけではなく、とくに「数字」にも注意を払ってください。要約する際に、数字が入っているかどうかで、その説得力がまったく違ってくるのです。

具体的な数字、たとえば、「何％、下落した」、「何倍になった」といった部分を含めると、説明にリアリティが出てきます。これは田中角栄がとても得意にしていた方法でした。これはという数字は頭のなかに入っていて、ここぞというときのスピーチなどでは要所、要所で挿入してくるのです。数字は説明の際に、非常に強い味方になります。

要約の練習として、新聞記事を題材にすることもお勧めです。ボールペンで記事にマークをしていき、マークしたキーワードを三つから五つ選び、それを結びつけながら一分間でプレゼンをする練習をするのです。

キーワードには、必ずなんらかの固有名詞や用語、数字を入れるようにしましょう。キーワードを七つも八つも入れても一分間ではまとまりませんので、三つから五つに絞り込むのが適当です。

そして、この三つから五つのキーワードを結びつけるように、要約を構成していくのです。こうやって過不足のないキーワードが先に選んであると、あとはそれを機械的に結びつけるだけですので、短時間で要約が仕上がります。また、それでいて肝心のキーワードも外していませんので、要約の中身も濃いものとなります。

私は小学生にも、この方法で一分間プレゼンをやってもらったことがありますが、この手順で進めると、小学生でもキーワードを三つから五つ使いながら話すので、急にしっかりとした説明になります。

要約がまとまったら、それを誰かを相手にプレゼンできればベストです。人に話すことによって、重要な語句や数字も記憶できてしまうからです。

私は大学生たちにも、新聞の切り抜きを持ち寄って、キーワードに丸をつけてもらって、一分間で他の人に説明する「てきぱきプレゼン」というトレーニングもやっています。繰り返すことで要約のスピードと質はどんどん上がっていきます。

三色ボールペンは、本を読むときにももちろん使える道具です。読書感想文を書くときも、読みながらボールペンでどんどん印をつけていくのです。真っ白のままだと、いざ感想文を書くときに、また一から読まなければなりません。せっかく読んだ作業を無駄にしないためにも、常に書き込みながら読むほうが効率的です。

簡潔、それでいて中身の濃いうまい要約を短時間でまとめるには、まず、含み込むキーワードを決めてしまうことです。そこから、そのキーワードをどう結びつけるかといった視点で構築していくと、上手な要約が可能になります。

聞き手の気持ちから説明の出だしを考える

説明は、本質を言い表すようなキャッチコピー的な一文から始めて、各要素の説明に入っていくのが基本構造となります。

ポイントを三つに絞り説明していくという部分は、内容の要約力が求められています。説明に使うキーワードを選び出し、それをハサミとノリでつなげていくような要約作業です。

しかし、説明冒頭のキャッチコピーは、内容の要約とは少々違います。内容を要約して言い表そう、説明しようとそればかり考えていると、いいキャッチコピーにはなりません。

人の心をぐっと引き寄せるのがキャッチコピーであって、単なる要約だと、「ふーん、そうなんだ」という程度で、相手の心に引っかからないことが多いのです。聞き手によって、それぞれ関心のある部分、興味を持つポイントも違ってきます。聞いている人は、どう言えば心を動かされるのか、そこから考えていくのがキャッチコピーです。

私が近年刊行した本に、『不機嫌は罪である』という題名の本があります。自分の本ながら、「罪」という言葉を題名に使うのは少々言いすぎかなと最初は思いました。しかし、「不機嫌」はよくないものだと意識させるには、そのくらい強い言葉のほうがいいのかもしれないと、あえてこのタイトルにしました。結果的にそれが功を奏したのか、好調な売れ行きとなっています。

また、ベストセラーとなった『嫌われる勇気』という本は、アドラー心理学についての本ですが、もしこれが、『アドラー心理学概説』といった題名だったらベストセラーにはなっていなかったのではないでしょうか。

いずれも強い表現や意外性などで、人の興味を引くもので、内容を伝えようという普通の説明とは違う視点から考えられています。説明するものにだけフォーカスするのではなく、それ以上に、受け手の気持ちを重視してこそいいキャッチコピーが考えられます。

定説や思い込みを覆すようなインパクト、何かの慣用句をもじったり、ちょっと危機感を煽ったり、損はしたくないという欲を刺激したり……、いろいろな方向性のキャッチコピーが、この世の中には溢れています。

私たちの身のまわりにあるＣＭや広告など、日ごろから、どういう手法で人の心をつかんでいるのか意識してみると、とても参考になるはずです。

要約力は確かな論理力が基盤となっていますが、キャッチコピーはセンスによるもの。この二つの力がうまく作用することで、いい説明になっていきます。

ポイントを三つにするクセをつける

ポイントを三つにする、あるいはもっと少なく二つや一つにするという作業が、説明のときには大事になります。いくつかあるポイントを削ぎ落として、いま必要な部分だけを取り出す一種の解体作業のようなものです。

三脚は三つの脚で安定して立ちます。かりにたくさんの脚がはじめに付いていて、「これがなかったら、もう立たない」というところまで他の脚を取っていき、最少の三本の脚にするとイメージしてください。なくて大丈夫なものや、重複しているものは落として、ぜんぜん違うものを三つ残します。

たとえば、「心技体」という三つは、とてもよくできていると思います。心と技と体はそれぞれ違うもので、どれも欠くことができません。もし、「心技体」の後ろに何か別のものをつけ加えると、余計な感じがするでしょう。

ただ、この三つの選び方を間違えると、上手な説明にはなりません。たとえば「気力・粘り・精神力」のように三つの意味が似たようなものであれば、三脚なら脚が近づきすぎて倒れてしまいます。

まったく別々の、必要不可欠の三つにまとめ上げることが重要です。これは日ごろの練習によって、伸ばせる能力です。

どのような題材、状況でも、とにかく自分で三つに絞る練習をやってみるのです。「この本の作者が言いたいのは、次の三つである」、「この問題の原因は、この三つです」、「この商品のよさは、以下の三つです」と、常に三つを意識して内容をまとめるように自分に課していると、自然と三つにまとめるクセがついてきます。

先日、新入社員向けの講演を頼まれたのですが、そこで私は新入社員の心得として、「テン・シュ・カク」というものを提案してきました。

これまでよく言われてきたのは、ホウレンソウの「報告・連絡・相談」でしたが、私は現代の新人に合わせて、「テンション・修正・確認」のテン・シュ・カクをこれからは徹底しようと話したのです。

新入社員なら、まずテンションをしっかり上げて、指摘された間違いをすぐに修正し、全部確認を取ってからアクションを起こすようにすれば、まず間違いはないという意味です。

このようにどんなことでも「三つにまとめる」ということが、趣味になるくらいで私はいいと思います。

場合によっては会議などの場で、「私が言いたいのは、次の三つです」と先に言ってしまって、それから話しながら考えるというくらいでいいのです。

三つに考えるクセがついてくると、一番目、二番目は外せない大事なものを挙げて、三番目はちょっと笑いを誘うようなものを挙げるといった、臨機応変の対応もできるようになってきます。

大事なものばかりを挙げていても少し面白みがないという面もありますので、三番目はちょっと面白いものを用意しておくのはなかなかうまい方法です。

たとえば、「この商品のよさは三つあります」とふってから、「便利です」、「安いです」と展開してきて、「もし、気に入らないときには捨てるのも簡単です」と三番目にオチをつけるパターンです。このように、ポイント三つのなかでメリハリをつけていくと、さらにうまい説明になっていきます。

全体のなかで、どこを話しているか常に明確にする

説明をする際は、それぞれの事柄をただ羅列するよりも、その事柄同士の関連性をはっきりさせたほうがわかりやすくなります。

つまり、大きな全体構造があって、いま説明していることが、その全体のなかでどのような位置づけなのかということを聞き手にわかるように話すと、わかりやすい説明となります。

たとえばこの本の出版社は東京都渋谷区笹塚に会社がありますが、この会社の所在地について説明してくださいと言われたときに、東京の説明と、渋谷区の説明と、笹塚の説明を羅列してしまっては、日本の地理をまったく知らない人にはわかりづらいものになってしまうはずです。

東京という首都があり、そのなかに渋谷区があり、またそのなかに笹塚という町があると、それぞれの位置づけを明確にしながら説明してこそ、この会社の所在地がどのような場所か理解できるのです。

よく映画の冒頭シーンで、最初は町全体を俯瞰で映していて、なんだろうと思って見ていると、その町のなかのある家に焦点が合い、さらにその家のなかの人物の表情にクローズアップしていくという手法があります。

これも、まずは遠景、全体像をとらえるところから始めて、どんどんクローズアップしていくことで、簡潔にこの人物がどのような町の、どのような家に住んでいるのかまで説明しているのです。

クローズアップの逆で、だんだん視野を広げていくことで、理解を得るという説明もあります。たとえば、「日本文化全体の歴史から見るとこういうことです」、「さらに、人類史レベルで言うと、こういうことなんです」という説明の仕方です。

このやり方も、一気にタイムスパンが広がり、聞き手の視野も広がっていくものです。そして、「なるほど、大きな流れのなかで言えば、ここに位置づけられるんだ」と理解されるのです。

「これがここに位置づいている」という感覚を相手に与えることができれば、聞き手は「わかった感」を抱きます。そのためには、まずは説明すべき事柄の全体の構造を俯瞰して理解することが大切です。それができれば、大きな項目の説明と、それに含まれる中くらいの項目の説明、さらにそこに含まれる小さい項目の説明といった具合に、それぞれの位置づけがわかるように説明することができ、聞き手のわかった感を引き出すこともできます。

常に「全体のなかでいま、どこを話しているのか」を明確にしながら説明できる人は、聞き手に対しても、とても安心感を与えるものです。これが説明の下手な人だと、いまどこを話しているのかわからないし、これからどこに連れて行かれるのかもわからないという不安感が募ります。

いま話していることが全体のなかでどういう位置づけなのか、また、そもそも全体はどういった構造になっているのか、そこを常に聞き手にわからせているのが、上手な説明といえます。

説明の下準備に「目次」を活用する

上手な説明には、まず、全体の構造を把握することが大切だとは前項で述べました。ここでは、手っ取り早く全体の構造を把握するいい方法をご紹介しましょう。説明すべき本や資料など、その対象の目次があれば、それを活用するのです。

実は本も、全部読まなくても目次だけ読めばわかる本が、いちばんよい本なのです。マキャヴェリが書いた『君主論』など、目次が本当にすばらしいものです。それだけを読んでも内容が伝わってきて、面白いなということがわかります。それほど目次には、たくさんの意味が含まれているのです。

私が手っ取り早く内容を把握するために目次を活用するようになったのは、大学生のときに友人から「目次勉強法」を教えてもらってからです。

私は東京大学の法学部で勉強しましたが、もう三年生のころには、自分は法律の分野ではなく教育の領域に行こうと決めていました。そのため、法律の勉強ばかりに時間を割くこともできないので、なんとか最少の時間で最大の効果を得るような、法律の勉強法はないものか考えていました。

そのとき、一人の友人が、「非常に短時間で吸収できるいい方法があるよ」とアドバイスをしてくれました。彼は学年でもたいへん優秀で、頭が切れることで有名な学生でした。

彼が言うには、そもそも法律というものは体系立ったもので、東大の試験では問題に対して、その問題がどういった体系のなかの、どの部分の事例のことなのかといった理解が間違っていると、いくら答えを書いたとしても点数はもらえないということでした。

つまり、手っ取り早く試験で点を取るなら、全体構造を理解しながら体系立てて勉強することが効率的だと教えてくれたのです。

具体的なやり方として彼が教えてくれたのが、まず、教科書の目次をコピーすることです。十分、余白をとって、大きな用紙にコピーします。そして、目次の上や下など、余白スペースに、目次の項目に付随する事例や判例などを簡単に書き込んで肉づけしていきます。

目次が大きな骨組み、基本の骨格だとすると、そこに各部を構成する要素を自分で書き込んでいくのです。この作業をすることで、自分の頭も整理され、全体構造と個々の関連が明確になります。

そして、仕上げた目次のコピーを、たとえば目次六ページ分なら、見開きをコピー一枚として、全部で三枚になりますが、それをすべてそっくり記憶するのです。

彼に言われるがまま試してみた私ですが、やってみてこの勉強法の効果にたいへん驚きました。非常に最少の勉強量で、全教科をクリアすることができたのです。

勉強もそうですが、本を読んでいても、部分にとらわれて、目の前の一行、一行ばかりを読んでしまうと、案外全体が頭に入らないものです。しかも、最初の一〇

○ページを読んだところで力尽きたとしたら、全部で三〇〇ページ中の残り二〇〇ページが頭に入ってない状態で試験を受けることになってしまいます。これでは落第する危険性がありますし、卒業がかかっていて一科目も落とせないといった状況のときはとても危険です。

そういうときに、目次勉強法は威力を発揮します。全体をまず目次で捉え、目次の余白に大事な要素をどんどん書き込むことで、全体のなかの大項目、中項目、小項目といったグレードをしっかり理解しながら個々の要素を覚えることができます。

自分の手を使って書き込むことも、とても意味があることです。手を加えることで、これまで素っ気なかった目次が、自分のものに再構成されます。自分の手で書き加えていますので、いざ試験のときに、ハッとポイントを思い出したりすることもできます。

書き込んで仕上げた目次は、まさに一枚の宝島の地図のようなものです。よく知っている町だったら、地図が頭に入っていますが、それと同じように、書き込んだ目次を記憶すると、本の内容が一枚の地図になって頭に入っているのと同じ状況になります。

目次がいい本だと、さらに手間が省けます。すでにほとんどできているところに、自分で細かい要素を書き込むだけだからです。

これは、よくできた白地図に、それぞれの場所に何があるかを書き込むことに似ています。真っ白なノートに書くとなると、なかなか書く気も起こりませんし、頭に入っていきませんが、ベースの骨格としての地図があると書きやすいし、頭にも入ってくるのです。

教科書を頭から読んでいくよりも、このほうが常に全体構造を意識でき、個々の位置づけもわかりますので、理解しやすく、覚えやすいはずです。

この方法は意外に使えて、その後、司法試験を受けるという大学院生に教えたところ、めでたく司法試験も受かっていきましたので、彼にとっても非常に効果を発揮したと思います。

この目次活用法は、勉強法としてだけでなく、説明の際の下準備にも大いに使えます。説明すべき事柄の全体構造を把握する際に、目次をいま述べたように活用するのです。

そうすると説明をするときにも、全体を説明し、大きい骨組みを説明し、中項目も説明し、必要であれば小項目にこういうものもあります、といった流れで説明できるようになります。「この裁判のケースは、大きく言えばこの領域に当たります。もう少し中の領域で言うとこれです。細かく言うとこのゾーンに入ります」といった説明です。

このように、自分のつくった目次に基づいて説明をすると、誰がやってもすっきりとしたうまい説明をすることができるようになるのです。

心を動かす説明とは
ファストとスローの相乗効果

上手な説明とは、聞き手に「なるほど」とすっきりとした納得感を与えるだけではなく、場合によっては相手の心まで動かします。商談における説明などはまさにそれで、うまい説明をすれば、相手は商品を買ってくれたり、ビジネスに協力してくれたりするわけです。

はたして、相手の心まで動かす説明とはどのようなものなのでしょうか。

行動経済学者のダニエル・カーネマンが書いた『ファスト&スロー』という本があります。そのなかで、怒った人の顔写真を挙げて、怒った表情というのは情報伝達スピードが速く、一目見ただけでこの人が怒っていることがわかるということを述べています。文章、言葉で怒っていることを伝えられるよりも、圧倒的に表情のほうがすぐ伝わります。

感情表現というものが、最速の情報伝達手段なのです。このようなファストな情報伝達と、言葉のようなスローな情報伝達の両方が私たちの思考に影響を与えているということなのです。

ゆっくり丁寧に説明されてわかることもありますが、その一方で、感情表現のような瞬間的にわかるものがあって、この二つが相乗効果を持つと、とてもうまい説明になります。

たとえば、瞬間的なものでいえば、図解です。図で表現されていると、全体をぱっと把握することができます。さらに、図の横に文字が添えてあって丁寧に説明してあると、これがスローになります。

左側のページに図解、右側のページに文章といった本はよくありますが、これはファストとスローをミックスしたとてもわかりやすい例といえるでしょう。

写真やイメージ画像も直感的に理解させるファストなものといえます。

プレゼンの最初に、映像をまず見てもらって、「細かいことはこのパンフレットや資料に書いてあります」という手法も同様です。まずはイメージを伝え、細かな情報は文字情報として渡す。映像というファストな情報で相手の情動を動かして、直感的に理解してもらうことができれば、スローな文字情報も相手は進んで読みこなして理解してくれます。

映像や画像などのビジュアルなものではありませんが、「マンションポエム」というものも、一つのファストな伝達手段だと私は思っています。

マンションポエムとは、マンションの広告などに使われる独特の詩的なコピーのことです。「息づく静謐」とか、「華やぎの街に佇む」、「邸宅と呼ぶべき思想」などといった独特のキャッチコピーのことです。

こういったコピーをマンションポエムと名づけて研究していらっしゃる方がいるのですが、その方によると、マンションの広告では、「家」という言葉は使わないらしいです。「邸宅」や「屋敷」と表現するのが基本で、マンション自体の説明はほとんどしないそうです。

マンションの内装や設備となると、結局、どのマンションもほとんど同じなので、その立地の紹介になるのです。「この街に住まう」とか、「この高台に屋敷を構える」といったコピーになり、そこに「美麗な」とか「誇り高き」といった修飾語を重ねます。

「屋敷」と言ってもマンションなのですが、それをこのように表現するところに独特の技を感じます。これは、その街に住む誇りみたいなものをくすぐって、読み手の感情を動かす手法といえるでしょう。まさにイメージに訴えかけるファストな説明の部類といえます。

このファストな部分で興味を持った人が、細かな情報はどうなっているのかな、と小さな文字で書いてある情報に誘導されていきます。頭金はいくら、分割払いだと条件がどうなのか……、そういったスローな情報が、ファストをフォローしているのです。

行動経済学でも、ファストとスローの両方が作用することが、相手の意思決定に重要だと言っています。説明するというのは、相手に何かを伝えたいということであり、それは相手の意思を動かしたいという場合がほとんどです。そのときに、ファストとスローの両方を駆使することが、相手を動かすことにつながります。

一気にわかりやすくなる比較を使った説明

わかりやすい説明の技術に、「比較で説明する」という方法があります。

私はこれから教師になっていく学生さんたちに大学で講義をしていますが、授業には説明が不可欠です。その授業のつくり方としては、ほとんどのことは、ＡとＢの比較で進行できるものだと教えています。

たとえば、「普通の文章で書くとこうなります、ところが芥川龍之介が書くとこうなります」、「今昔物語の原文はこうです。それを芥川が料理するとこうなります」といったふうに進めると、誰もが「あっ、全然違うな」とすぐ理解できます。

一枚の絵を見ているだけではわからないのですが、同じテーマを描いた別の画家の絵と見比べると、その違いがよくわかり、それぞれの特徴がわかるのと同じです。

カップ焼きそばのつくり方を文豪たちが書いたらどうなるかといったテーマの本がヒットしましたが、これもさまざまな作家が「カップ焼きそばのつくり方」という同じテーマで文章を書いたという設定で、それぞれの文章の違いを際立たせる面白さがウケたのだと思います。

ある一つのテーマで比較していくと、A対B、あるいはA対B対Cというふうに、それぞれの違いを通じて説明は一気に頭に入ってきます。Aを説明しようとして、Aを細かく掘るだけではなく、Bを持ってくる、あるいはCを持ってくる。それによって生まれるコントラストで、頭にすぽっと入ってくるのです。

この手法は、それぞれ別の「物や人」の比較ではなく、時間的な経緯、つまり「時間軸」で比較する場合も使えます。たとえば、「一〇年前は〇〇でした。五年前は△△でした。そしていまは、××です」という手法です。

AとBの違いを比較するのではなく、時間的な変化というものを比較することで、納得してもらうという狙いです。

このような比較を説明に取り入れる際には、二つのパターンがより効果的です。

それは、「似ているけれど、実は違う」というパターンと、「まったく違うように思えるが、実は似ている」という二つです。この二つの説明を組み合わせることで、ほとんどのことが説明できます。

「似ているように見えますけど、差異はここです」、「ぜんぜん違うように見えますが、共通点はここです」という、共通点と差異点の組み合わせで説明を構成するのです。

たとえば、紫式部と清少納言は比較することで、どちらの説明もうまく組み立てられます。共通点はもちろん『源氏物語』を書いた紫式部も、『枕草子』を書いた清少納言もともに女性作家で、同時代に生き、中宮に仕えるといったところになります。

しかし、違いもかなりあります。その感性はまったく違いますし、残した作品も物語と随筆の違いがあります。こういったところを入口に、二人の説明をすれば、両方が一度にすんなりと理解できるでしょう。

比較すべきぴったりの対象を設定できたら、必ずうまい説明になるはずです。あとは共通点と差異点をうまく組み合わせて、説明を構築してみてください。

そもそも理解というものは、差異によるものなのです。理解、つまり意味がわかるというときの「意味」とは、差異から生じています。スイスの言語学者であるフェルディナン・ド・ソシュールも、意味は差異から生じるということを言っています。

いろいろな言語がありますが、それはその言語の違いが重要であって、その差異がまとまって体系をつくっているのです。

「固体」と言っても、「液体」、「気体」があるから、それぞれの意味があるということです。固体という言葉だけが単体として意味をもともと持っているというよりは、液体、気体との差異によって意味が生まれるのです。つまり、差異こそが、意味を生み出すということです。

その点から言えば、私たちの説明でも、違いをはっきりとさせることが重要であることがわかっていただけるのではないでしょうか。違いを際立たせると、非常にわかりやすくなるというのはそういうことなのです。

比較説明の練習法

比較しながら説明すると、わかりやすい説明になります。この比較説明がうまくなるためには、以下のフォーマットに沿って、日ごろから比較して物事を理解する練習をすると効果的です。

AとBの二つを挙げ、「比較のポイントはどこであるか」、「共通点はどこか」、「違う点はどこか」をA4判の一枚の紙にまとめるのです。

用紙の左半分をA、右半分をBにして、たとえばカソリックをA、プロテスタントをBとして、共通点と違う点をまとめます。

「信長、秀吉、家康」といったように、ABCと三人並べるのもいいでしょう。それぞれが、わかりやすくなります。その他、「第一次世界大戦と第二次世界大戦」

や、「国際連盟と国際連合」など、いろいろ比較の練習をしてみましょう。

たまたまテレビで放送していた世界遺産を二つ比較してもいいでしょう。前述のように、用紙にまとめ上げる練習がいちばん説明力が上達しますが、もしそのような時間がないという方であれば、しゃべるだけでもいいです。

もたもたせず一五秒で終わらせるくらいのつもりで、「AとBの比較のポイントはこれです。違いはこれです。これです」とてきぱきと言うように心がけましょう。

これを、あらゆる題材でやっていくと、共通点や差異点を明らかにしながら考えるクセがついていきます。

説明しようとする題材に対して、その比較対象を設定するときは少々コツがいります。説明するものと「似ているようで、実は違う」、「まったく別に見えるが、実は共通点がある」といった視点で、比較対象を選ぶようにしましょう。そうして比較相手を設定すると、両方の共通点と差異点が際立って、理解しやすくなるのです。

『情報の歴史』（松岡正剛・監修）という本がありますが、これは、日本と世界で同時期に何が起こっていたかということを、横にざっと見ていくことができる年表です。これを見ていると、比較説明にとても役に立ちそうなヒントがたくさんあります。

私は以前から、「宮本武蔵とデカルト」が似ていると思っていました。本質をぱっとつかんでシンプルに説明するという点が共通しているように思えますし、武蔵は剣の道を、デカルトも哲学の道を究める達人です。

両者は遠い存在に思えますが、ほぼ同時代人です。宮本武蔵は一五八四年に生まれ、一六四五年に亡くなっています。要するに、一六〇〇年の初めを生きた人といえます。一方、デカルトは一五九六年から一六五〇年の生涯ですから、死んだ年が武蔵と五年しか違わない。

この「思想の武士」と「本当の剣豪」が、時代的には非常に近い存在だという一面も見えてきます。このように比較をすることで、両者の理解が深まっていくのです。

比較トレーニングは、説明力を鍛えるだけでなく、単純に勉強法としても効果があるものです。

一つのことを理解する際に、適当な比較するものを持ってきて、意味を把握していくのです。こうすると、二兎を追うものは一兎をも得ずではなく、一度に二つのことの理解が進みます。

また、二つ並べることによって、一つだけで暗記しようとするよりも、記憶にとどめやすくなる効果もあります。

説明をわかりやすくする比喩、具体例の選び方

説明をする際には、自身の体験エピソードや比喩など、例示を入れることによって、具体性が増してわかりやすい説明となります。

ただ、比喩や例を話す際には、聞き手の事情に合わせるように注意することが必要です。たとえば、「コミュニケーション力」といったテーマで講演を依頼されることが私はよくありますが、中学生相手に話す場合とビジネスパーソン向けに話す場合、高齢者向けに話す場合では、テーマは同じであっても、具体例はおのずと変わってきます。

中学生向けの講演なのに、「オレオレ詐欺」を例にしてもピンとこないでしょうし、高齢者向けの講演で「口うるさい親との会話例」を挙げても意味が伝わらない

はずです。

例示する力というのは、その相手が理解しやすい例、相手にとって切実なケースを、瞬時に引っ張り出してくる力なのです。

聞き手の好きなものに合わせて具体例を選ぶということも、一つのテクニックです。たとえば、サッカーをやっている少年が多いような場所での講演だったら、サッカーでのアイコンタクトを例に挙げてもいいのでしょう。

一瞬、目で合図することで、たくさんの情報を交換している。目によって、自分たちもサッカーのなかでたくさんコミュニケーションしているんだな、ということが聞いているほうも容易に理解できます。

説明している内容が一般的で抽象的だと、言っていることはなんとなくわかるが、どうもすっきり理解できないということが起こってきます。そのようなときは相手がピンとくる例示を引っ張り出して説明すると、相手も納得してくれます。

サッカー部の子にはサッカーを例に、野球好きには野球を例に、音楽をやっている子たちには音楽を例にしてもいいでしょう。

声に出さないコミュニケーション、阿吽《あうん》の呼吸というものがありますが、「音楽では指揮者と演奏者が息を合わせるときがありますよね」、といった例を挙げて説明するのもいいでしょう。

コミュニケーションなくして合奏は無理であって、自分一人だけうまくやるということはあり得ません。全体が遅れているときに、それは遅れているみんなが悪いのだといって、自分だけ正確に弾いたとすると自分だけずれることになります。まわりが遅れていても、それに合わせようと判断することもコミュニケーションです。

このように、コミュニケーションを説明するにあたっても、その事柄を全部、違うものに当てはめて説明することができます。

わかりやすい説明をするためには、臨機応変に相手に合わせた例を引っ張ってくることが重要となってきます。

「A4一枚の構成力」で説明力は向上する

説明の際に使用する書類は、必ずA4の用紙一枚にまとめるようにしましょう。プレゼンや会議の際に、数十枚もあるような分厚い資料を配る人がいますが、どうしても必要な場合はそれとは別に、添付した資料をA4一枚にまとめ、基本的にはその一枚の用紙をもとに説明やプレゼンを行うことが重要です。

大量の資料を配られてもその場で読む時間はありませんし、どこがポイントかもわからないものを一から読む人はまずいません。仮に資料のほうばかり読まれてしまうと、説明をしているのに、肝心の話を聞いてもらえないことにもなります。

そのようなことを避けるためにも、説明中はA4一枚の用紙を共有し、それに則って説明を進めることが大切です。資料は増やさないことによって、相手にも伝わるということを肝に銘じてください。

その用紙に文章はもちろん、画像や図表などを適宜入れて一枚にまとめます。Ａ４ということでスペースが限られますので、それに合わせて情報をセレクトしてつくります。ここで求められるのは構成する力になりますが、私はこれを「Ａ４一枚の構成力」と呼んでいます。

このフォーマットを徹底して繰り返すと、どのようなことでもＡ４一枚でうまくまとめる能力が身についてきます。

大学で私は、学生さんたちに一冊の本の内容紹介や、「ルネサンス」、「本能寺の変」などといった歴史用語、「米中貿易摩擦」といった時事用語などをＡ４一枚の用紙にまとめる課題をよく出します。

毎週、学生たちはそういった課題を一枚にまとめて持ってきて、四人くらいのグループで各自のものを共有し、それぞれが一分ずつで自分の課題を説明していきます。

毎週これを続けていると、みんな、Ａ４一枚にまとめるのが格段にうまくなっていきます。

実は、このＡ４一枚にまとめられるということ自体が、説明力の向上にもなっているのです。

紙幅に合わせて情報をセレクトし、優先順位をつけて、まとめ上げるＡ４一枚作成能力というものがすでに、説明力そのものなのです。

資料がＡ４一枚にうまくまとめられると、極端なことを言うと、あとはそれを読んでもらうだけで説明が済んでしまいます。

説明者は、その用紙に則って説明をしていくだけで、手短にポイントを押さえた説明をすることができます。説明の設計図ともいえる、Ａ４一枚の書類を作成することが、わかりやすい説明を可能にするのです。

それなのに、会議資料で二〇枚ぐらい渡されると、どこを読めばいいのかもらったほうも困ってしまいます。たぶん、説明をするほうも、これから説明することのどこがポイントなのか十分な絞り込みができておらず、構成を煮詰めることも十分ではないと思われます。こんな状態で説明をしても、おそらくわかりづらい説明に終わるだろうと、やる前から想像がつきます。

本来であれば、二〇枚ぐらいの資料の上に、その二〇枚の資料を読まなくてもわかるようにまとめられたＡ４一枚が綴じてあることが理想です。

いまでは電子データの時代ですから、紙を大量に使う時代ではなくなってきています。ｉＰａｄのようなものをみんなが手元に持っていて、二〇枚、三〇枚もあるような資料は、そこにデータとして入れておき、いま決めなければならないこと、ポイントの部分だけ紙一枚にまとめられて配られるということも増えてきています。

実際、私が勤務する大学の教授会などでは、最近、そのような形態に変わりました。これは無駄を省くという点では非常にいいやり方です。「細かい資料については、データをご覧ください。基本的にこの一枚でわかります」という形にすることが、わかりやすい説明を可能にします。

問いかけを説明の推進力にする

「問いかけ」をうまく使って、説明の質を上げるという方法があります。マキャヴェリの『君主論』は名著ですが、目次を読んでいるだけでも、なかを読みたくなってきます。それは、目次が問いかけ調でできていて、その答えを知りたくなって、ぐいぐい引き寄せられてしまうからです。

説明のときも、うまい問いを立てることで、聞く人の気持ちをぐっと引き寄せることができます。立問力《りつもんりょく》と言ってもいいと思いますが、問う力が聞き手を説明に引き込んでいくのです。

以前、『さおだけ屋はなぜ潰れないのか？』といった題名の本がヒットしましたが、これも問いかけをうまく使って、読者を引き寄せているといえます。

説明の際も、「なぜ、○○は△△なのでしょうか?」と、聞き手が興味を持つような問いを考えてみましょう。冒頭でうまい問いを提起できれば、聞き手は「なぜだろう?」と説明に引き込まれていきます。

このときの注意点としては、答えを聞きたいと思っている相手をあまりじらさないということです。問いをふったら、スパッと答えを述べて先に説明を展開してください。

あまり引っ張りすぎると、聞き手も次第に興味が薄れてきますし、難しいクイズを出されて試されているような気がして嫌悪感を持つ人もいます。

日常会話でも、「で、どうしたでしょうか?」と聞いておきながら、なかなか答えを言わない人がいますが、ちょっとイライラしてきますよね。ですから問いかけた際は、パッと答えを言う。「問いかけ、答え」、「問いかけ、答え」を適当に挟みながら、たたみかけていくと、聞き手はどんどん説明に引き込まれていきます。

いわば、「問い」が説明の推進力になっているのです。問いかけがあって聞き手は初めて「おお、そういえばなんでだろう、考えたことなかったなあ」と思い、答えを聞いて、「ああ、そうだったのか」と驚きます。

つまり、疑問の「?（はてな）マーク」と、驚きの「!（エクスクラメーション）マーク」で、説明の勢いがぐいぐい増してくるのです。

たとえば、「AとBとではどちらがお得だと思いますか?」、「コストパフォーマンスがいいのはどちらと思いますか?」と聞かれたら、「どっちだろうな」とつい考えてしまうのが普通ですが、もうそれがすでに説明に引き込まれているということなのです。

そしてその問いを受けて、説明するほうが、「実は、こうなるのです」と意外な答えを明かすことができればさらに説明に勢いが出るのです。

みなさんも、こういった「問い、答え」の構造を、所々に入れ込んで説明を構成してみてください。これがテンポよく展開していくと、非常に回転のいい、いい説明になっていくと実感できるはずです。

わかりづらい箇所は後回しにする

説明をしているとお客さんが口をはさんできたり、上司への報告の場合は、途中で上司が語りはじめたりして、自分の思ったように説明が進められないこともあります。最悪の場合、途中で時間切れになることも考えられます。

いつ、そのような事態になっても大丈夫なように、とにかく相手にわかってほしい部分から、まず説明は始めるべきです。

前段の話をしてから、順を追って本論へ入るといった説明ではなく、ヘリコプターで直接、本丸を攻めるような説明が理想的なのです。

普通、一〇分の時間をもらっていたとしたら、その時間内に説明すればいいと思いがちですが、最初の一分間だけで説明が中断してしまうことも十分考えられます。

時間を無駄にせず、わかってほしいポイントから、優先的に説明していきましょう。

また、説明すべきポイントのなかには、少々難解で、わかりづらいポイントもあります。こういった理解しづらいポイントは、説明の順番としては、どんどん後回しにしていくことが上手な説明のコツです。

説明には、「わかった感」というものが、とても大切です。相手が、「ああ、なるほど！」と納得感を持ってくれることが重要なのです。

わかりづらいところを頑張って時間をかけて説明し、「うーん……なんとなくわかりました」といった感覚をもたらすよりも、理解しやすいところを説明していって、「ああ、わかる、わかる」、「なるほど！」といった感覚を与え、テンポよく展開していくほうが、上手な説明になります。

教育の分野では、「最近接発達領域」というふうに言うのですが、いま、できていることよりちょっと難しい領域から教えていくことで向上していくという考え方です。九〇キロの重さを持ち上げることができたら、九一キロに挑戦すべきで、九五キロにいきなり行かないということです。

できているところのいちばん近いところの課題を出すことで、できた感覚を繰り返しながら、半歩ずつでも先に進んでいけるということです。

説明もそれと同じで、いきなり先まで進まないで、「ああ、わかった！」、「理解できた！」といった連続で進んでいくことが好まれるのです。

池上彰さんがテレビでとても人気があるのは、おそらく、「ここがわかった」というところの少し先を説明して、また「ここもわかった」という連続をやっていて、それが視聴者に「わかった感」をもたらしているからではないかと思います。

人によっては、難しいところから言葉を尽くして説明しようと考えがちな人もいますが、それは避けるべきです。理解しづらいところは後回しにして、徐々に難易度を上げていくことがうまい説明のコツです。

察知・予測力で説明をグレードアップする

ある分野に詳しすぎる人の説明は、下手な説明に終始してしまうことがよくあります。その分野に詳しすぎるがゆえに、普通の人たちにとって、どこがわかりづらい部分なのかもわからなくなってしまうことがあるからです。

ある分野の研究者が一般の方向けに新書の本を書いても、最悪の場合は、全部読んでみてもほとんど意味がわからないということも起こってきます。

典型的なのは、パソコンや家電製品のトラブルに対する説明です。パソコンなどが動かないとカスタマーセンター等に相談しても、「こうしてください」という指示が、一般の人にはわからないということが往々にしてあります。

こういったことは、説明するほうがあまりにも当たり前すぎて、無意識にどこかの説明を省いたり、簡略化したりすることが原因です。

また、用語なども、当然相手も知っているつもりで使いますが、聞き手には意味がわからず、そこから説明全体が理解できなくなることもあります。


質問者に対する説明の場合は、相手が聞きたがっていることは何か、相手のレベルはどれくらいなのかを探りながら進めないといい説明にはなりません。

いま陥っている状況がどのようなもので、どのようなことが知りたいのか、相手のリクエストを察知する力こそが、こういった説明ではとくに大事になってきます。

相手のリクエストがわからないと、もたもたした説明にどうしてもなってしまいます。「説明はした」という満足感に浸っているだけで、少しも役に立っていないという事態にもなりかねません。

こうした事態を避けるためにも、説明をしながら常に一段階進むごとに相手に、「ここまでの説明はおわかりになりましたか」、「ここまでで、お聞きになりたいことはありますか」、「何か心配なところはありますか」などと質問を入れて、把握状況を確認することです。

聞いている相手にとっては、わからないことが何なのかもわからない、といった状況もあり得ますので、そういった場合は、「○○が△△になる部分は、おわかりになりましたか」などと、相手の理解がつまずきそうな箇所を予測して、こちらから相手の疑問を引き出してあげることも大切です。

説明する人のこれまでの経験や知識から、聞き手の疑問をピンポイントで引き出すことまでできたら、とても上手な説明といえるでしょう。

相手の理解レベルに合わせて、「ただ、これだけをやればいいですから」というような段取りマニュアルをつくってあげるのが、こういった質問に対するうまい説明です。

「まず、○○をする。次に△△をする。その次に××をする」といった簡潔なマニュアルです。相手の理解に合わせたマニュアルをつくる能力も、上手な説明に必要なものといえるでしょう。

第３章

日常生活で
「説明力」をアップさせる方法

日常会話で説明力に必要な瞬発力を鍛える

前章では、上手な説明の組み立て方と、それに必要な基礎的な能力の伸ばし方を述べましたが、実は説明力を伸ばす方法は日常生活のなかにもいくつもあります。この章では、そのような日常生活のなかで説明力を伸ばす方法を見ていきましょう。

上手な説明をするためには、聞き手の問いに臨機応変に対応する能力も必要です。相手の求めていることを瞬間的に理解し、ポイントを要約して簡潔に伝える「瞬発力」があってこそ、手短な説明が可能になるのです。このような瞬時の反応力は、日常会話のなかで鍛えることができます。

みなさんは、「最近、どう？」と聞かれたら、どのように答えるでしょうか。

先日、教師になった教え子と一年ぶりに会ったのですが、そんなときに「この一年、どうだった?」と聞いても、この問いに対する答えはけっこう難しいものです。「この一年ですか、そうですね……、いろいろありました……」といった、ぼんやりした答えになるのが普通ではないでしょうか。

ですから私は、こういったときには、「この一年、何か印象に残ることはあった?」と聞くようにしています。このほうが相手も、「あ、そういえば……」と、話しやすいわけです。

そのときの彼の話ですが、赴任した中学校で、ある朝、教室の見回りをしていると、一人の生徒が室内に水を撒いていたそうです。

とてもびっくりしたのですが、まずは「おはよう」と声をかけ、「何をしているんだい」と聞くと、「キノコの育て方を習ったので、教室にキノコを生やそうと思った」と答えたそうです。

そこで、「みんながキノコを好きとはかぎらないし、キノコは山で栽培するほうがいいから、山でやろうよ」と説得し、「この教室は、みんなが来る前に一緒に掃除をしよう」ということで、早朝、一緒に掃除をしたということです。

その後、始業するころには掃除が終わって教室がきれいになっていて、登校したみんなが不思議がっているので、「実は、教室をきれいにしたのは○○君なんです」と説明したということです。

これはほんの一分程度のエピソードですが、「あ、そういうことをやっていたのか」と、彼の一年がよくわかる説明です。どういうタイプの学校に勤め、そしてどういう対応をして、「なるほど、それなら生徒に愛されているね」ということまで聞き手がわかることができるものです。

わかりやすい説明をしようと思うのなら、漠然とした質問を受けたとしても、答えだけは常にピンポイントに具体的に答えるようにしなければなりません。

「最近、どう?」と、なんとなく聞かれることは日常生活でもよくあることです。

こういうときこそ、説明力を鍛えるいいチャンスだと思ってください。

相手は、「最近の一週間程度で、何か印象に残る具体的なエピソードはないか」

と聞いているのです。そんなときは相手が興味を持つような的確なエピソード、知りたいと思うような話を瞬間的に引っ張り出すように頑張ってみてください。「お変わりありませんか」、「最近、調子はどうですか」、「相変わらず頑張ってますか」……などなど、こういった問いかけのたびに、常にいい話を必ずしようと意識していると、うまい例示をパッと提示する能力は鍛えられていきます。

いいエピソードを挙げることができず、瞬時の反応も鈍いと、近況を話すときでも日記風に語り出したり、内面で起こったことをつらつら語り始める人もいます。しかし、これでは聞き手に、「そういうことは聞いていないんだけどな」と思われてしまいます。まして、「とくに面白いこともなかったかな……」などと答えるようだと、「本当に面白くない人だな」と相手に思われてしまいかねません。

近況報告とは、例示と瞬時の反応といった説明力そのものが求められるシーンともいえるのです。

自分のこの一週間なり二週間、あるいは一ヵ月を振り返って、瞬間的にさっとよい例を思いついて言うことができると、相手はあなたへの理解が深まりますし、説明のうまい人だ、話の面白い人だと、あなたに好感を抱くことになります。

説明とは、言葉を尽くして丁寧に言うことばかりではないのです。よい例を瞬時に思い出し、ぽんと目の前に出してあげる。それが説明でもあります。その瞬発力を鍛える場面は、日常の会話のなかにたくさんあるのです。

説明力を鍛える近況報告トレーニング

近況報告を手短に、的確に言うように日常的に心がけていると、説明力はアップすると前述しました。

私は実際に大学の講義で、学生さんたちにそれを実践してもらっています。

講義の初めにいつも出席を取りますが、私が学生の名前を呼んで、相手が「はい」と答えるだけでは、そこに新しい情報や面白味もなく、ある意味、時間の無駄のように思えます。

そこで、出席で名前を呼ばれたら、「いま、はまっているもの」や、「最近、驚いたこと」、「身のまわりで起きたちょっと面白いこと」など、五秒、一〇秒で簡単に近況報告をしてもらうように決めました。

何を話そうと自由で、もちろん言いたくないことは言わなくていいし、自分の話したいことを言ってくださいという決まりです。場合によっては、「昨日、髪を切りました」の二秒でもいいのです。

これを毎週やっていくと、驚いたことに、日に日に学生たちの近況報告が面白くなっていくのです。

「先週、ふられました」みたいな話から、「弟が笑ってしまうようなこんな失敗をしました」といった話、「映画『ボヘミアン・ラプソディ』を観に行って歌いまくりました」といった話など、みんな生き生きと自分らしいエピソードで近況を数秒で語れるようになっていくのです。

最初は「ええと……」、「あのー」などと言いよどんでいた人も、一年間の講義が終わるころには話がうまくなって、「なんでみんな、こんなに話が面白いんだろう」、「すごい才能があるなあ」と、学生たちはもちろん、私自身も驚いてしまうくらいでした。

何かを説明しなければならないとき、どうしても、もたもたしてしまうということはあるものです。

しかし、近況を一五秒ほどで言う練習をしていると、パッと話をふられたときに、言いよどむことがなくなり、的確なエピソードを即座に提示できるようになっていきます。これは説明においても、重要な能力といえるでしょう。

自分の経験と結びつけて説明する練習

本の内容を要約して発表する私の講義では、学生が一分間の発表を終えると、今度は聞いていた学生たちが二人一組になって、いま説明された本について互いに要約し、それにまつわる自分のエピソードを話し合うようにしています。

実際には読んでいない本ですが、いま説明を聞いたばかりなので、みんな一応の説明はできます。一分間説明をしっかり聞いたら、また一分間で説明ができるはずなのです。

さらにそこに、説明された内容に触発されて出てきた自分自身の経験を一つ加えて話すと、先ほどの「人から聞いた話」が、「自分の話」、「自分の知識」になっていくのです。

何かを理解しようとするとき、あるいは、何かを人に説明しようとするとき、その意味を補足するような自分自身のエピソードをからめることができると、自分の理解も深まりますし、相手に説明する際もよりわかりやすいものとなります。

たとえば、『論語』に「今汝は画《かぎ》れり」という言葉があります。これは、孔子が弟子の冉求《ぜんきゅう》を、「お前は今、やる前から自分の限界を定めて、努力しないようにしている」と叱った言葉です。

この言葉を説明するときに、自分が高校受験のころ、昔から憧れていた地域の名門校があったが、当初は自分の素質では無理だと勝手にあきらめていた。しかし、先生の熱心な指導、応援もあって、必死に勉強したら合格することができたといった体験談を語り、「やはり最初から自分の能力の限界を自分で決めたりなどしてはだめだ。それでは何も成長しないということを、孔子は言いたかったのではないか」と説明できたとしたら、聞いているほうもすんなりと理解できるはずです。

先日、ある学生が『汚穢《おわい》と禁忌』という本を、授業のなかで一分間で紹介したことがありました。汚穢というのは「けがれ」という意味で、つまり「けがれ」とタブーという、学術的なテーマの本になります。

題名を聞いただけでは、興味もあまり持てないかもしれませんし、少々難しそうな本と感じます。

しかしそのとき、その学生が話したエピソードはユニークなものでした。彼は、日常の「爪切り」を例に挙げて説明しました。

爪を切ると私たちは、切ったあとの爪は何か汚いもののように感じます。それは私たちが、自分のものなのか、そうではないのか、ちょっと境界線が曖昧なものが苦手だからです。だから、整理しきれないもの、曖昧なものに対して、私たちはちょっと怖いとか、汚いといったふうに感じてしまうのだと説明してくれました。

毎回、この講義の最後は、誰のプレゼンがいちばんよかったか、みんなで投票をしています。この日は、三〇人のうちの半数以上がこの学生に投票して、断然トップとなりました。

難しい本なのに、エピソードによってパッとわかるいい説明だったからだといえます。難しい内容でも、上手に身近なエピソードで説明していくと、本質が簡潔に伝わる、わかりやすい説明となります。

みなさんも本の要約トレーニングをするのであれば、要約したあとに、その内容と関連する自身のエピソードを毎回、考えてみてください。

この一分間発表のクラスには学生が三〇人くらいいますので、毎回、三〇冊の本が紹介されることになります。一〇回も講義をやれば合計三〇〇冊の本が紹介されたことになります。

それぞれ発表の際に使うA4のフォーマット用紙も共有しますので、三〇〇冊分のファイルがみんなの手元に最終的に残り、それをみなが一応、理解したことになるのです。

これは一気に世界が広がる、すごい財産といえます。「この三〇〇冊を知って、ファイルを持って卒業できることは私の財産です」と言ってくれた学生さんが何人もいました。

要約のやり方がわからない最初の講義では、本の内容を一分で説明しようとしても、「いや、読んでみたんですけど、案外思っていたより難しくて……」、「タイトルはこうなっていますけど、実際の内容はタイトルどおりではなくて、まあ、いろいろ書いてあって、とくに印象と言われても難しいんですが……」などといったような、要領を得ない発表で終わってしまう学生もいます。

しかし、第二章で示したフォーマットに則って、一行説明、趣旨説明、引用文という流れで説明を心がけると、全員の説明が無駄なく面白くなっていきます。三〇人が三〇人、みんな一分間プレゼンがものすごくうまくなります。最終的には、私が同じ本を説明する場合と、ほとんど差がないようになるのです。

学生たちも、日常的に誰かが説明をするシーンに出くわしたときに、なんでみんな説明が下手なんだろうと思うようになると言います。

キャッチフレーズ的に一言で本質を言っていない。要約も的確にできていない。引用がなく、話が抽象的……そういった説明の問題点に、人の説明を聞いていて自然に気づくようになるのです。

もしかすると、普通の人は説明力というものを具体的にトレーニングすることが少ないのではないか。そういえば自分も、最初のころは何かモヤッとした説明をしていたな、と自身の成長とともに実感すると言っていました。

説明話術が身につく「一五秒練習」

みなさんは説明に最適な時間は、どれくらいだと思いますか。さすがに一五秒、三〇秒ではすべて言い切れないということもありますが、だからといって三分も五分も長々と話す必要はないと私は考えます。

ずばり、説明にかかる時間は最長で一分間だと私は考えます。最短ではなく、最長で一分ということです。一分間あれば、たいていのことは説明ができるのです。

一分を目安に説明を組み立てることで、手短でポイントをとらえた上手な説明が可能になると私は考えます。

前項でも触れましたが、私の講義では一分間で一冊の本の内容を発表することを学生たちに課していますが、この一分間という設定も同様の意図によるものです。

以前私は、朝の時間帯、月曜から金曜まで生放送の『あさチャン！』（ＴＢＳ）という二時間半ほどの情報番組のＭＣをやったことがありました。

ＭＣの役割としては、ＣＭに入る前の三秒や一〇秒という単位で、「〇〇について説明してください」と指示されれば、それにうまく答えなくてはなりません。この経験は、私の説明力を随分鍛えたと思います。

「あと一五秒でこれについて、もうワンポイントお願いします」と指示されると、一五秒もあると、かなり説明できるな、という感覚になりました。

私の教え子で、アナウンサーの安住紳一郎さんがいますが、彼とも共演したことが何度もありますが、彼はそういった瞬時の適応力が天才的です。あと残り五秒というところで、それまでの文脈を生かしながら、一ネタ入れ込んで、面白いことをぽんとふって爆笑でＣＭに入っていく。これぞプロの技だと思います。

私たちも発言時間を厳格に意識する訓練をすることで、必ず上手な説明ができるようになってきます。

まず、簡潔に説明するためには、無駄な言葉をなくして話すクセを身につける必要があります。そのために、一つのネタを一五秒で話す「一五秒トレーニング」を行います。五秒では短すぎて難しいこともありますが、一五秒あれば一つのポイントを十分説明できます。

大学一年生の四月から、私は学生たちに一五秒で何でも説明する練習を徹底的にやってもらっています。

「宗教革命を一五秒で説明してください」とか、「ニュートンの発見を一五秒で説明してください」といったお題を出します。

あるいは日本史の事件なら何でもよかったり、自分の知っている知識なら何でもいいということで、四人一組になって、一五秒ずつ順番に説明をして、ぐるぐる何周も繰り返します。

このような練習を繰り返していると、一五秒の感覚に慣れてきて、どんなことでも容易に一五秒で説明できるようになってきます。

一五秒というと、短いようでいて、それなりの時間があります。早く終わってしまうのも情報が少なすぎるのでだめです。「えっと…」などと言って、時間を消費することも意味がありません。

私は、「意味の含有率が高い話し方」と呼んでいるのですが、一五秒単位のなかにどれだけの意味が詰め込まれているかということが大事なのです。「一五秒なのにこんなに詰まっている」という、砂金がたくさん入った砂のような話し方を目指して練習しようと学生たちには言っています。

一分間で上手な説明をするためには、まずこのように一五秒を練習していくことが近道です。一五秒で簡潔に説明できる能力を身につけると、その一五秒のパートを四つ組み合わせると、一分間の説明になります。

たとえば一ポイント一五秒で、三ポイントを説明すると合計四五秒。それにまとめの内容を一五秒加え、一分間の説明として構成するのです。

上手な説明は一分間で完結します。そのための話し方は、この「一五秒トレーニング」をやることで格段に上達します。

一五秒間の究極の説明である
CMをヒントにする

最近、大学での講義も、学生たちに紙で説明するものと、もう一つ、ICT（情報通信技術）を使った説明も付加してもらうようにすることがあります。紙の説明を補強するような画像をつくってくださいと言うと、いまの大学生は非常に優秀で、まるでユーチューバーにでもなったみたいに、画像をつくってきてくれたり、いくつかの画像を組み合わせて映画の予告編みたいな体裁で仕上げてくる人もいます。本当にいまの学生たちは、そういったことが器用にできて、よく驚かされます。

説明が紙のものと、インターネット的なICT活用のものとの両方でやると、やりたいこと、言いたいことがスパッとわかります。ファストとスローな理解、つまり表裏がしっかりしていて、両手でがっちり物をつかんだような、確かな説明になり、まさに理想的といえるでしょう。

その意味では、ＣＭというのはファストとスローを駆使した究極の説明ともいえます。たった一五秒ですが、こまごまと商品説明をしていないのに、映像によってよいイメージが伝わって買いたくなってしまうこともあります。

逆に、保険のＣＭなどで見かけるような、一五秒間、徹底的に説明し尽くすようなものもあります。フリップのようなものを使って、「これです」、「次はこれです」、「こうすると、これです」と、よく一五秒間に詰め込んだなと思えるほどの情報量を説明するものもあります。

映像だけで伝えたり、映像と言葉を組み合わせたり、あるいは言葉や文字情報だけに特化したものなど、ほんの短い時間に制作者たちの知恵が詰まっているといえるでしょう。

私もＣＭに出演者として、また、制作者サイドとしてかかわったことがありますので、どれだけ多くの人が、一五秒のためにアイデアを出して練り上げていくかを知っています。

私たちが日常の説明をする際も、ＣＭにはうまい説明のヒントがたくさん埋め込まれていますので、それらを参考にすることは大いに効果的です。

映像の使い方や、フリップを使ったたたみかけるような説明、会話だけで説明したり、歌でわからせたり……、うまく自分の説明シーンに落とし込めるヒントとしてアレンジしてみることも一つの方法といえるでしょう。

子どもにわからせるように説明するトレーニング

大の大人を相手にするときと、小学生を相手にするときでは、同じ内容を説明するにしても、当然、そのやり方は変わってきます。小学生に説明するときは、大人よりも理解度を下に想定して平易に説明する必要が出てきます。

説明力を向上させるには、あえて小学生に説明することを想定して、さまざまな題材で説明をしてみるということも一つの方法です。

小学校一年生では話が通じづらいですが、小学校四年生となると、平易な言葉で丁寧に説明すればたいていのことはわかります。小学校四年生を相手と想定して、さまざまなテーマで説明を試してみるのです。

たとえば、ハイデッガーが著書『存在と時間』で言いたかったことを、小学校四年生にわかるように説明してみましょう。そうするとまず、言葉づかいが変わってきます。ハイデッガー特有の用語を使わずに、本質をわかりやすく説明しなければならなくなります。

「人間というのは時間がとても大事な生き物です。なぜなら、人間の生きる時間は限られているからです。他の動物は生きて、生きて、結果、死ぬわけで、そんなに死ぬことばかりを考えるわけではありませんが、人間は『自分がいつか死ぬ』ということをわかって生きているところが違います。

死を意識して生きているからこそ、いずれ死ぬのであれば、もう少し充実して生きようとか、もっと全力を尽くして生きようとか、そういうふうになるのが本来の人間の姿ではないかというふうに言ったのが、ハイデッガーなのです」。

「だから、この生きている間にできるだけ自分らしい人生を生きようと、自分で何かを選び取って、その選択の連続で私たちは人生をつくっています。たとえば、サッカー部に入ろう、野球部に入ろうというのもその選択の一つです。

私たちは無限に時間が続くなかで生きていくのではなく、限られた生という時間のなかで、それを意識しながら生きていく存在なのです」。

こう説明すれば、小学校四年生ならだいたいはわかります。このくらいのレベルに合わせて説明するためには、内容を平易な言葉に言い換えなければなりません。そして、意味を言い換えるということは、その本質を理解していなければできないことです。つまり、この練習を繰り返すことで、必然的に本質への理解が深まり、わかりやすく翻訳する能力や語彙も鍛えられます。

研究者や専門家のなかには、難しい言葉でしか話せない人がときどきいますが、これでは専門外の人には「なるほど！」というふうな腑に落ちる説明をすることはできないでしょう。

本当に説明力のある人は、相手が小学生だろうが、ビジネスパーソンだろうが、高齢者だろうが、どんな人に対してもうまい説明ができます。

本質を深く理解しており、それを自分の言葉に言い換えることができるからです。子どもにもわかるような説明を練習することは、その能力を鍛えることに大いに役立つものです。

ストップウォッチを持ち歩いてみる

説明力の向上のためには、常日頃からストップウォッチを持ち歩くことをお勧めします。かく言う私も、毎日、ストップウォッチを持ち歩いています。

いまではスマホにもストップウォッチ機能がありますが、それはあくまでもスマホの一機能です。そうではなく、わざわざ手間をかけてストップウォッチを携帯することで、時間意識が高まると私は思っています。

会議やセールスの場、プレゼンなどで、「それでは五分間で説明させていただきます」などと言って、失礼にならない程度にこっそりストップウォッチを押すのです。音が出ないような設定もできますので、まわりに気づかれずに使うこともできます。

こう宣言して、本当にぴったり五分で説明が終わると、聞いている人も必ず感心するはずです。

セールスなどで最悪なのが、「ほんの五分間でいいですからお時間をください」と言っていながら、実際に会ってみると、脈略のない話が続いて三〇分もかかってしまうという場合です。こういう場合は、もうそのお客さんは、会ってはくれないでしょう。

逆に、五分ぴったりで終わると、そういう人は信用されて、「五分で終わるならいいか」とまたお客さんも会ってくれるはずです。

「三分ですみますから」、「五分間、私にください」と言うときに、本当にストップウォッチを押す人はほとんどいないと思います。だからこそ、そこで自ら押し、時間を管理することで、その他大勢とは違う説明の上級者になれるのです。

ストップウォッチを押すことは、相手を時間で縛るものではありません。自分の時間意識を磨き、相手に迷惑をかけないために行うものであって、けっして失礼にあたるものではないはずです。

ですから極端なことを言えば、ストップウォッチが友達になるくらい、一緒に生活をしてください。もちろん雑談をするときにストップウォッチを押すのは変な人ですから、そういったことをお勧めしているわけではありません。

親しむための時間、雑談の時間は、人間関係をつくるためのものであって、時間を気にせずゆったりとリラックスしていますが、説明に入ったらてきぱきしているというスタイルを目指してほしいのです。

「この人、いい人なんだけど、仕事の話ものんびりしているんだよな」というのは、現代社会では、相手に対してたいへん迷惑をかけることになってしまいます。

私はシンポジウムなどに呼ばれることが多いのですが、そういう場合も、私の講演時間が五分と決まっていたら、ぴったり五分で話を終わらせるようにしています。

しかし現実は、他の講演者の方たちで、時間どおりに話が終わる方はほとんどいません。結果的に、どんどん時間が後ろに延びていって、最後に講演する方の時間が少なくなってしまうということも起きてきます。

これは本来であればルール違反であって、五分と言われたら五分、二分と言われたら二分でみんな話をまとめなければいけないはずです。日本人は遅刻には厳しく、時間感覚がしっかりしているように言われますが、実は、意外にルーズなのです。

会議についても遅刻は厳禁ですが、意外にだらだらと進行していて、一時間で終わる予定のものが、一〇分、二〇分と平気で延びます。

こういった時間に対するルーズな感覚を持っているかぎり、説明力はなかなか向上しません。

まずはみなさんもストップウォッチを持ち歩くことで、時間感覚を研ぎ澄ましてみてはいかがでしょうか。それが結果的に、説明力の向上に必ずつながっていきます。

人の説明を採点しながら聞いてみる

説明力を向上させるためには、人の説明を第三者として客観的に聞くことがとても勉強になります。

誰かの説明を、この説明のいいところはどこなのか、よくないところはどこなのかを意識しながら聞くのです。

ふだんはそのまま聞き流していることも、意識してみると、「この人は説明の入り方がうまい」だとか、「枝葉末節にこだわりすぎて、どうも全体がわかりづらい」などとさまざまな点に気づきます。

「わかりやすいな」と思ったのなら、どこがその説明をわかりやすくしているのか、また、「わかりづらいな」と感じるのなら、どこがその説明をわかりづらくしているのか、自分なりに分析するのです。

そうすると、「結論を先に明確にしているからわかりやすい」とか、「話が重複しているから、わかりづらい」などといった点に気づくはずです。

このように分析して、いい点は自分の説明にも取り入れ、悪い点はそのような失敗を自分はしないようにすることで説明力は向上します。


仕事上の報告、プレゼンなどから、プライベートの会話などまで、日常のなかにさまざまな説明のシーンがあります。

結婚式でのスピーチなども、ある種の説明ということができるでしょう。スピーチを聞きながらも、「前置きが長いな」とか、「話すスピードが遅いな」といったような点に気づくように、常に客観的に聞くようにします。

ふだんからそういった視点で話を聞くクセがつくと、いざ、自分が説明する際にも自然に、そのような点を意識するので、上手な説明ができるようになっていきます。

もし、人の説明を聞いていい方法を学ぼうと思うのなら、テレビの情報番組などの出演者の説明を聞くことがいちばん役に立つでしょう。テレビ番組は秒単位で時間が管理されていますので、時間感覚の研ぎ澄まされた説明の上手な人しか出ていません。

そういう人たちの話すところを、ただ漫然と見ているのではなく、いまの説明のどこがわかりやすいのか、この人の説明のどこがうまいのかを意識して見るようにするのです。それだけで、上手な説明のノウハウがかなり学べます。

簡単にできる本を要約するときのコツ

本をフォーマットに沿って要約する方法は第二章で述べましたが、この項では、その要約の際の具体的な方法をご紹介します。

まず本のなかでも文庫や新書には、カバーのどこかに必ずその本の内容を短文でまとめた紹介文が載っています。この部分に目を通して、大まかな内容を把握しましょう。

次に、「まえがき」に目を通します。まえがきには著者の言いたいことがまとめてあることがほとんどですので、それを読んだだけでこの本の内容を、まあまあ説明できるはずです。ちょっと王道から外れてはいますが、これはこれで非常に効率のいいやり方です。

次に、目次を読む手があります。目次がいい本は骨組みがしっかりしているので、本の骨子がすぐ理解できます。とくに新書の目次はしっかりしているものが多く、目次だけで本の内容が理解できます。

新書は著者がこれまでの自分の研究をコンパクトにまとめ、広く一般読者に読んでもらおうと書いていますので、章立てにも気を使って、重複がないよう整理して書かれています。そのため、目次を見ただけでも、本全体の内容がわかりやすいものとなっていることが多いのです。

要約の練習をする際は、選ぶ本は新書からスタートして、目次を中心に練習していくことが、いちばん効率的だと思います。

私は毎年四月に大学の新入生に対して、毎週、新書を一冊読んでもらい、その内容を四人一組になって、他の三人に説明するという授業をやっています。

まだ慣れない最初のころの授業では、目次を覚えるくらいの感覚で、一分ぐらいで手際よく全体を説明してくださいと指示しています。そうやって目次を意識するだけで、ずいぶんと構造的に物事をとらえる力がついてきます。

全体を見通す目が目次によって鍛えられると、今度は自分が書く立場になったとき、全体の構成、目次を簡単につくれるようになるという利点もあります。

著者が流れのままに書いたような、目次が構造的になっていない本も、読んでいたら楽しいケースももちろんあります。しかし、頭を整理して要約力や説明力をつけたいのであれば、目次の一つ一つの項目が、全体のなかでどういう意味合いなのかが明確になっていて、問いかけがはっきりしているような本を練習の題材に選んだほうがいいでしょう。


本というのは、頭がよくなるためのトレーニングとしては最高の題材なのです。頭のいい人の文章を読むと、実は頭がよくなります。

これはスポーツの上手な人と一緒にやると、自然と自分もうまくなるのと同じです。たとえば、プロの選手にテニスや卓球などラリーの相手をしてもらうと、それだけで格段にうまくなっていきます。

本というものは、思考の流れがそこに表されたものですが、読書によって読み手は、著者の思考の流れについていくことになります。それによって、かなり頭がすっきりと整理され、思考力が鍛えられます。

スポーツの一流選手であれば、一般人が一緒に練習することはまず難しいでしょう。しかし本であれば、手軽にその道の一流の人たちの思考に触れることができるのです。こう考えると、本を頭を鍛える道具として、使わない手はないと思えるのではないでしょうか。

説明力アップのための事前の仕込み

上手な説明をするときに役に立つ「道具」として、私はみなさんに三色ボールペンをお薦めしています。説明すべきことがらを整理し、要点を明確にするのにたいへん役に立つのです。

資料を読む際には、「赤・青・緑」の色で区別して線を引いていきます。絶対に外せない最重要な箇所には赤で線を引きます。「まあ重要」というものは、青でマークします。重要度はさらに低いのですが、ちょっと面白いと自分が感じたものは緑で印をつけます。緑は、主観です。

こうやって色分けしてみると、優先順位が一目瞭然となります。これを活用すれば、さまざまな状況に応じて、適切な説明がしやすくなります。

たとえば会議のなかで、自分の発言を求められる番が来たときにも、適切な内容、時間で発言することができるようになります。

情報が色分けして整理されていれば、そこからいま必要な情報を選んで、適切な時間で説明を組み立てることもやりやすくなるのです。

私はこの三色ボールペンによる情報整理を、受験勉強をしていた十代のころから続けています。もう四〇年以上になりますが、いまでも何か資料を読む際は、同じように三色でチェックしています。

手元にある資料などは、黒いままにしておいてはだめなのです。目を通したのであれば、必ず三色で色分けし、大事な箇所をマークしておくのです。そうすると、キーワードが浮かび上がってきます。

私もテレビ番組などで、さまざまなことの解説、説明を求められることがよくありますが、そういったときも、目を通した資料には必ず三色ボールペンのチェックを入れています。

そして、自分がいざ説明する直前にはそれをちらっと見て、話すようにしています。そうすると、大事なキーワードを言い逃すこともありませんし、少々時間があるときなどは、「緑でマークした部分も入れたらウケるな」と判断することもできます。

テレビ番組には、生放送でほんの数秒を気にしなければならないものもあります。他の出演者の方も話したいことがあり、こちらも言わなければならない情報があるなかで、キーワードを思い出せなくて、もたもたしてしまうことだけは避けたいものです。「ええっとですね」などと言っている時間はないのです。

そのような究極に無駄のない説明を求められるのがテレビ番組であり、その出演を通して私も、三色ボールペンによるチェックは非常に効果的であると再認識しました。

キーワードを資料のなかから浮かび上がらせることで、説明力はアップします。説明がうまくなりたいのであれば、このような事前の仕込みも重要です。

第 4 章

心を動かす「説明力」の応用

出だしから相手を引きつける「通説ｂｕｔ」の説明法

さて、ここからは説明力の応用編として、いくつかの方法をご紹介していきましょう。

上手な説明の応用型に、「通説ｂｕｔ」の形があります。

「いままでいわれていたことは○○ですが（通説）、しかし（ｂｕｔ）実は、△△なのです」という説明の仕方です。

これを説明の冒頭で提示してから、各要素の説明に入っていくというものです。構造としては、以下のようになります。

「いままではこう理解されていましたが、実は○○なのです」（通説but）
←
「それはこういうことです」（詳しい説明　ポイントは最大で三つに）
←
「たとえば、○○です」（具体例、エピソード、データなど）
←
「つまり、こうなのです」（全体のまとめ）

そもそも「論文」と言われるものは、このような形態をとるものがほとんどです。通説を提示して、「実は～」と展開していくものです。

ただ、論文でもこの通説の紹介部分が長すぎると、序論が長すぎて、いつまでも本論に入らない、まどろっこしいものになってしまいます。

説明の際は、この「通説」の部分をコンパクトにすることが重要です。「他社の製品の特長は○○ですが、弊社の商品の売りは××になります」、「○○が高血圧の原因と言われてきましたが、実は△△が原因だったのです」といったように、いかに簡潔でインパクトのある提示が冒頭でできるかが腕の見せどころになります。その意外性によって、聞き手の心を冒頭からぐっとつかむことができるのです。

こういった手法は、テレビの情報番組やクイズ番組ではよく使われています。以前、ＮＨＫの『ガッテン！』で脂肪について放送していましたが、その冒頭部分は以下のようなものでした。

カナダなどの氷雪地帯に住んでいるイヌイットはアザラシを食べていますが、アザラシは大量の脂肪を蓄えているので、結果的にイヌイットは世界でもっとも脂肪を摂取している人々だといいます。

しかしそれなのに、動脈硬化を起こして心筋梗塞になる人が少なく、血液検査をすると血中のコレステロール値などが低くて健康だといいます。それはどうしてなんだろう、という番組の始まり方でした。

とても興味深い冒頭で、私も思わず引き込まれてしまいましたが、この展開も「通説ｂｕｔ」の展開といえます。

そこから番組は続き、脂のなかには「オメガ3」という種類の脂があり、アザラシの脂もそれにあたりますが、この脂は血液をサラサラにする効果があるという説明につながります。

さらには、あまり大量に摂りすぎると、血液がサラサラになりすぎてこんなことが起こりますと言って、イヌイットの子どもが鼻血を流している写真を見せます。血液がサラサラすぎて、なかなか血が止まらないということが視聴者に一瞬で伝わります。

そして、この「オメガ3」を私たちが摂取するにはどうすればいいか。アザラシ肉は日本では売っていないが、同じ「オメガ3」を含む別の油として、「エゴマ油」というものがあるという結論で番組は終わります。

説明の途中には、補足として映像や写真、データ、グラフが映し出されて、さらに視聴者に「わかった感」をもたらす構成になっています。見ている人の気をそらさない、とてもうまい構成だったといえます。

説明をするときには、まず相手に興味を持ってもらわなければなりません。「つまらないな」と思われて、真剣に聞いてもらえないと、いくら説明をしてもなかなか理解されないものです。

聞き手の気持ちを常にこちらに向けるという意味では、テレビ番組は非常に優れています。視聴者が絶対にチャンネルを変えないように研究し尽くされたノウハウが、必ずそこにあるからです。

「通説ｂｕｔ」の説明法もそのノウハウの一つなのでしょう。私たちが日常の説明をする際にも、この方法は大いに使えるものだと思います。

インターネットを超える説明力とは

エゴマ油のことを『ガッテン！』で知った私は、すぐ近くのスーパーに買いに行きましたが、最初に行った店はすでに売り切れでした。番組のおかげで、すごい勢いで売れていたのです。

私も中性脂肪が気になっていましたので、なんとか入手して試してみたくて何軒かの店を探し、ようやく手に入れました。

個人差もあるので、あくまで私の場合ということで言えば、毎日、スプーンでエゴマ油を飲み続けたところ、検査数値がかなり下がったのです。他の要因もあったのかもしれませんが、驚きました。

このような体験もしましたので、私も雑談の折に、「エゴマ油」の説明を何人かの人にしたことがありました。そのときには決まって、私自身の体験もまじえ、「実際に中性脂肪の値が〇〇まで下がったんですよ」と話しています。

情報に自分のエピソード、自分の体験というものを一つまじえて話すと、俄然、説得力のある説明になってきます。

いまはインターネットもありますから、何か知りたいことがあればすぐ検索できますし、そこそこ上手な説明を読むことができます。

しかし、人からの説明には、インターネットから受ける情報とは違う強みがあります。それはその説明をする人の感情や情熱、生き生きとした部分が伝えられるというところです。そういう部分が付加されると、聞き手も心を動かされるのです。

たとえば、映画『ボヘミアン・ラプソディ』がヒットしましたが、この映画は、世界的ロックバンドであるクイーンの伝記映画で、フレディ・マーキュリーの人生を中心に、バンドメンバーの確執や交流などもまじえながらクイーンの歴史を追い、最後はウェンブリー・スタジアムでのライブ映像でまとめ上げたものです、と説明されたとしても、「面白そうだな」とは思うかもしれませんが、それまでだと思います。

しかしそれが、「私も観に行ったんですが、最後のライブ映像が、もうコンサートに行っているみたいで、ドッカン、ドッカン、体が揺れるように音楽が響いてきて、フレディ・マーキュリーが復活したかのような感動でした」と説明されると、「へえ、それは私も観に行きたいな」と聞き手も思うものです。

説明においてはフォーマットが大事とこれまで述べてきましたが、もちろんそれは前提として事実です。フォーマットに沿うことで、説明は上達していきます。

ただ、型に則っているというだけで、淡々とした説明になってしまうことは避けたいところです。てきぱきとフォーマットどおり進んでいきますが、そこに感情の動きや情熱、抑揚があってこそ、相手の心に刺さる説明になります。

そのためには、自分の感情が生き生きと動いていないとだめなのです。説明というものに、単に要約するということを超えたプラスアルファを付加してこそ、インターネットにはない、人間による上手な説明になります。

情熱に溢れた話し方は、自分の体験、エピソードをつけ加えることでやりやすくなります。説明している当人の血や肉になっているなと感じられる説明は、聞いている相手の心も必ず動かします。

説明力というのは、「説明をしよう、説明をしよう」とそればかり考えていてもうまくいきません。もちろん、確かなデータや事実、原典からの引用など、客観的な論拠は絶対必要ですが、それにプラスして、自分の感情をいかに動かすかという部分もプラスアルファの部分として大事なのです。

理解させたければ、全部を説明しようとしてはいけない

上手な説明には、構成を考えたり、資料をつくったりといった事前の準備が欠かせませんが、それにばかりこだわっていても、わかりやすい説明にはなりません。説明のうまい人は事前の想定にとらわれることなく、臨機応変にその場の空気や反応に対応する力も持っています。

説明は相手があってのものですから、常に、相手の理解度を把握しながら進めることも必要です。説明するほうは当たり前すぎて省いているようなところが、実は初めて聞く人にはわかりづらく、そこでつまずいているということもあるものです。

少し込み入った説明、長い説明になる際には、「ここまでの内容はわかりましたでしょうか」、「ここまででご質問はありますか」、あるいはこちらから逆に、「これ

とこれの違いは、おわかりいただけましたか」などと、軽く確認の質問をしながら進めることが必要になってきます。

聞き手にとっては、「どこがわからないかもわからない」といったこともあり得ますので、説明しているほうで疑問の箇所を察知して、「この部分はおわかりになりましたか」と先回りして聞く技術も求められます。

そうやって聞くことで、「ああ、そういえばそこが気になっていました」と、誘われるように相手が疑問点を明確にすることもあります。

このように相手の理解の度合いを確認しながら説明を進めていき、もし、こちらの想定していたところまで聞き手に理解してもらうことが難しそうに思える場合は、説明の軌道修正が必要です。

仮に三つのことを説明しようとしていたとしても、そのすべてを説明することはやめて、二つだけにとどめるといった臨機応変な対処が必要です。

私は「これだけ方式」と呼んでいるのですが、とにかくわかってもらえる部分だけに説明をとどめて、「これだけはわかってください」と説明するのです。

一つの理解がやっとなのに、事前の説明プランにこだわって、三つすべてを説明しても、相手は混乱して、「よくわからない説明だった」といった印象だけを持つことになってしまいます。それよりも、理解してもらえる「これだけ」に絞って説明を展開することが大切といえます。

私はタクシーを利用した際に、クレジットカードで支払うことが多いのですが、ドライバーさんによっては、カード決済のやり方に不慣れな方もいらっしゃいます。場合によっては、何度も利用している私のほうが、カードの支払い処理について詳しいこともあります。

そんなとき、私はよく「これだけ方式」で説明します。「まず、そこをもう一回戻して、そのボタンを押して、こっちを通してください」といった具合に説明をするのです。

なぜそう対処するのかの理由まで説明しても簡単に理解していただけないような場合は、手順だけの説明にとどめるのです。

わかりやすい説明とは、必ずしもすべてを説明することではないのです。この点は、若干、杓子定規な人が誤解しがちな部分です。まじめな方のなかには、一生懸命、すべてを説明しようとする人がいますが、そこにこだわる必要はないのです。上手な説明とは、「相手のわかることだけ」、「いま必要なことだけ」を説明するものという側面があるのです。

参加型の説明が心を動かす

相手の心を動かすような上手な説明をするためには、聞き手参加型の説明にするというのも一つの方法です。

私は授業などでは、復唱方式を取り入れることがあります。「私のあとに続いて復唱してください」と言って、その授業のポイントとなる一文を読み上げ、復唱してもらうのです。

学生が自分の声でもう一度言うことで、説明が素通りせず、記憶にも残りやすいという効果があります。

教師と学生という関係でないと、なかなか復唱をしてもらうというのも難しい場合があります。そのようなときは、実地方式を取り入れることでも参加型の説明にすることができます。

実地方式とは、話を聞いているだけでなく、実際にやってもらうという形式の説明です。実際にやると、「なるほど、こういうことか」と一気にわかりやすい説明になることがあります。

私が中学生のとき、社会科見学として鈴鹿サーキットで自動車の構造を学ぶ機会があり、実際にエンジンを分解させてくれるというイベントがありました。

本物のエンジンを分解するなどといった経験はめったにできませんから、私のグループは喜んでどんどんバラバラにしていきましたが、分解したあとに、「それでは、次は組み立ててください」と指導の方に言われて、「えっ！」と絶句してしまったことがあります。

他のしっかりしたグループは、解体した部品を順番どおりに並べていましたが、私たちのグループは後先考えずに部品を全部ばらしてしまったので、最終的には組み立てることができませんでした。

それでも、40年以上たったいまでも、そのときの経験は記憶に残っています。

これは、ただ説明を聞くだけではなく、実地方式で参加するイベントだったからだと思います。ほぼ半世紀たってもまだ記憶に残っているというくらい、実体験は非常に強い説明の方法なのです。

これは、さまざまな説明にも応用できる手法です。たとえばドローンのようなものを説明するとき、実際に一人一個ずつ手元に配って、自分で操作してもらいながら説明するのと、説明者だけが見本を示すのとでは、圧倒的に自分で操作できるほうが説明も頭に入ってきますし、記憶にも残ります。

学校の世界史や日本史の授業で、カルタみたいなものを使ったりすることがありますが、そういった場合も、カルタがクラスで一個あるのと、四人に一個あるのとでは、ぜんぜん生徒の理解度が違います。

四人に一個あれば、その授業はとても盛り上がりますが、先生が教室の前で「こんなカルタです」と言って見せるだけでは生徒は食いつきません。

体育の授業でサッカーをやるときも、先生がやっているのをずっと見ていてもつまらないだけです。「まず、一人一個ずつボールがほしい」と子どもたちは思うはずです。

かつて、『100人の子供たちが列車を待っている』というドキュメンタリー映画がありました。これはチリで、貧しい子どもたちに映画とは何かを教えているアリシア先生の活動を追ったものです。

アリシア先生は日ごろ、貧しさから文化的なものに触れることの少ない子どもたちに、なんとか映画文化をわかってもらおうと、「ゾーイトロープ」という、映画技術の基本がわかる玩具を、一人に一個、手づくりして与えます。

手づくりするのはたいへんな手間ですが、先生は必ず子どもたちの人数分つくって、みんなに渡すところがとても印象的でした。

一人に一個行き渡り、子どもたちが家に持って帰ってからも実体験することで、映画の魅力や説明した内容がより納得してもらえると先生は考えたのだと思います。

説明で使用するサンプルや実物は、できれば最低でもグループに一個ないといい説明にはなりません。全員が実体験できるような状況をつくるということは、説明がぐっと入っていくコツなのです。

よく、説明しながら、「実際にプリントに書き込んでみましょう」といった説明があります。そのような場合も、プリントは必ず一人一枚ずつ配るべきでしょう。

いまは用紙など配らず、パワーポイントなどを映し出したスクリーン上で、その場にいる人たちに見せるだけで説明を進めていくパターンも多いですが、そのやり方だと、聞き手の頭にはあまり説明されたことは残らないことが多いと思います。

パワーポイントは使うほうもラクですし、見ているほうも手を動かさずにただ見ているだけでわかった気にはなりますが、実際、記憶にはほとんど残りません。

ひどい場合には、スクリーンを使うために場内を暗くすることで、聞いている人が寝やすくなってしまうというケースもあります。あらかじめつくられて、準備されたものを順々に見せられるというライブ感のなさも、こういった説明が聞き手を飽きさせる要素になっています。

もちろん映像でわかる部分もありますのでこういった手法もあっていいと思いますが、そこに若干のペーパーは組み合わせるべきです。Ａ４一枚の紙を渡し、それに沿って進行していき、そこに自分で書き込んだりすると、あとで説明された内容を思い出すきっかけとなります。

用紙に自分の手を動かして書き込ませるということも、聞き手を参加させることと同じことなのです。うまく書き込ませるように、説明者が話を展開していくことも、わかりやすい説明にはいい方法といえます。

説明に必要な「お得感」を演出する

説明では、演出の要素も場合によっては重要になってきます。典型的なものが、聞いている相手に「お得感」をもたらすような演出です。「得したな」と聞き手に思わせることができると、相手は真剣に話を聞いてくれ、こちらの説明に引き込まれていきます。

「これは昨日集計したばかりの最新のデータですが」、「これは非公開のデータですが」といったレアな情報であることを強調することは、事実であるならばどんどんアピールするべきでしょう。

人は、他では聞けない「ここだけの話」にとても弱いものです。大きな会場で、大勢の人に向かってプレゼンするときに、「ここだけの話」などと言うと少し矛盾しているように聞こえますが、それでもその場にいる人はつい聞いてしまうものです。

セールスにおいても、「お得な情報」や「期間限定」は人の心を引きつけます。いつも期間限定セールや閉店セールをやっているお店すらあります。

常にそういったスペシャル感、お得感をかもし出す説明は、淡々と説明していく説明よりもいいものになっていきます。

「ああ、得したな」という感覚を聞き手に与えることは、うまい説明をするためには必要な要素なのです。

ただし、「これをやれば儲かります」といった言い方は、怪しい商法のようで、使ってはいけない手法です。金銭的に得をするといったことではない、お得感をもたらすようにすることが大事です。

「これは一般の方には見せないデータですが、それを特別にお伝えします」と言えば、相手は真剣に話を聞くはずです。もしそのようなときに、貴重なデータであることも言わないまま、淡々とデータ説明をするだけではとてももったいないと思います。

しっかりと、この説明のお得感をアピールすれば、聞き手の真剣度がまったく違ってくるのです。

その他にも、「こうするとすごく作業が楽になります」、「この部分が実はコツなのです」といったメリットは、しっかり聞き手に強調していくことが大切です。

「こうやると汚れが取れます」とか、「こうやるとノートが上手に書けます」、「字が上手になります」といったものもシンプルなコツですが、教わってみると「聞いてよかった。得したな」と感じるものです。

何かしらのお土産的なものをつけることも、相手の心を引きつけます。金品をあげて買収しようということではありません。ちょっとしたＡ４一枚のプリントでも、「役に立ちそうだな」、「取っておきたいな」と思わせるようなものがあるものです。

それらは、なかなか知ることのできないデータや、便利なノウハウなど、レアな情報がまとめられているものになりますが、そういったものを、「今日は特別に、このプリントをお持ち帰りいただいて結構です」などと言って、「お得なお土産」

として演出することもできます。

こういった「お得感」を相手にもたらすことができると、聞き手も真剣に説明に耳を傾けてくれ、いい説明になっていきます。

説明の一つの演出として、知っておいて損はないと思います。

わかりやすい図解をつくる方法

図解したプリントや画像は、説明のいい補足材料となります。細かな解説は横に置いておいて、大まかな骨格、全体像を手っ取り早く理解するのに図解はとても役に立ちます。

図解とは、キーワードなどを線で囲んだり、番号をつけたりして、それを矢印や線、イコールなどで結んでいったものということができるでしょう。

矢印の向きがどちらを向いているのか、反対を向いているのか、両方を向き合っているのか、イコールで結ばれているのかなどで意味を表します。当然、矢印の向きには、時系列や因果関係の意味がありますので、そこを内容に合わせて的確に表現しないとわかりやすい図解にはなりません。

ときどき、意味合いの違うもの同士を並べたり、因果関係がないものを矢印で結んだりしたような、ただキーワードを抽出して線や矢印でつなげただけの図解が見受けられますが、それではわかりやすい図解にはなりません。

キーワードをただビジュアル化するのではなく、キーワードの関連性をビジュアル化するというのが図解の基本です。


また、段階的な作業、つまり「段取り」のようなものを説明する際は、図解がとても役に立ちます。

料理のレシピのようなものがその典型ですが、これを文章でズラズラと書かれても頭に入ってきづらいですが、図解にして、段取り①、②と示されると、一目瞭然になります。そしてその図に、大さじ一杯、小さじ一杯といったイラストも加えてあると、さらにパッと見て理解することができます。

仕事の段取りなどを、新人に教える際なども、図解にするととてもわかりやすいものになるでしょう。日ごろ頭のなかで無意識にやっていることを、あらためて何もわからない人に教えることはなかなか難しいことです。

しかし、説明するほうが順序立てて図解を書いてみると、意識せずにやっていた部分も含めてあらためて整理されて、わかりやすい説明が可能になります。説明されたほうも、段取りがビジュアライズされて、「これをやったら次はこれ」と矢印で誘導されて理解できます。


実際に図解をつくる際は、「手書き」と「色のつけ方」で工夫することをお勧めします。

図解プリントなどの文字は、いまはパソコンの文字がほとんどですから、たまに手書きや手書き風の文字があると、とても注意を引きます。パソコンなどの文字は、どこか無機質に感じられて頭に入ってきづらいところがありますが、手書きは人の肉体がかかわっているという温かみがあるから理解しやすいのでしょう。

書店店頭では本の宣伝で、積まれた本のそばにその本のセールストークが書かれたハガキ大の紙が立てられていることがあります。このハガキ大のポップで売り上げを伸ばしている名物書店員さんがいるそうですが、そういった人たちのつくるポップも手書きです。書店でも、パソコンでつくったポップより、手書きのものが重宝がられていると聞きます。

こういった手書きの温かさというのは、これからどんどん重要になってくるのではないかと思います。すべてを手書きすることができなくても、イラストのワンポイントを手書きしてみるなど、あえて手づくり感を出すことはわかりやすい図解をつくるコツだと思います。

また、カラーの図解がつくれるのであれば、色のつけ方でさらにわかりやすくすることができます。

私はよく、テレビのクイズ番組の出題、制作を手伝うことがありますが、たとえば、「行」という字の真ん中に何かを入れて別の字をつくる、といった問題があります。

そういったときは、「行」は赤い色にして、真ん中に「重」を別の色で入れて、

「衝」という字をつくります。「行」だけ赤で示すことで、「衝」は「行」に「重」が挟まれているということが一目瞭然になります。色の使い方も工夫次第で、説明を一気にわかりやすくすることができるのです。

こういった点にも気を使いながら、わかりやすい図解をつくってみてください。

相手の心に残る資料を使った説明の仕方

私は医師や薬剤師といった医療関係者の方向けに、講演を頼まれることがよくありますが、そこで依頼されるテーマは、「どうやってわかりやすい説明をするか」といったものがほとんどです。

医師が診察室で患者に説明をするというシーンはよくあることだと思いますが、そういったときに、意外に医師の言っていることが患者にしっかりと理解されていないことが多いのです。

処方された薬の服用方法や、手術や検査にあたっての準備・注意事項、病状のことなど、医師が患者に説明すべきシーンは無数にあります。

こういった場合、なんらかの資料をもとに患者に説明することが多いのですが、その資料を、そのまま患者に渡してはいけないと私は言っています。

説明内容が書かれた資料を渡しただけでは、上手な説明にはなりません。そこにボールペンなど、場合によっては色分けできる三色ボールペンなどで、大事なポイントに手書きでマークをして渡すのです。

要点や注意事項なども、優先順位が一目でわかるように、①、②、③などとその場で印をつけます。

そして最後に、説明した日の日付を入れて患者に渡すのです。何も記入せずにそのまま資料を渡すと、持って帰ったとしても放っておかれたり、場合によっては捨てられてしまうこともあります。

しかし、医師がそこに手書きで記入すると、患者も捨てづらくなって、家に帰ってから読み返したりするようになります。さらにポイントをマーカーで三つくらいに絞っていますので、長々とした資料をすべて読まなくても、マーカー部分を見るだけで、大事なことが瞬時にわかります。

説明の上手な医師だと、忙しい患者が相手のときなど、本当はポイントが三つあっても、「この一つだけは守りましょう」、「この一つだけは準備してください」などと臨機応変に資料に書き込んで提案することもできます。

資料はまっさらのまま相手に渡すのではなく、説明しながらポイントや優先順位が一目でわかるように、説明者が手書きを加えて渡すようにしましょう。これだけで相手の理解度が上がり、こちらの説明内容を誤解することもなくなります。

資料に手書きを加えるという手法は、一対一の対面で説明する場合だけでなく、複数の人を相手にプレゼンなどをするときも有効です。配布する資料のポイントや、グラフなどの注目すべき箇所、画像の注視すべき箇所など、あらかじめ手書きで矢印を加え、短文で解説なども入れておくのです。

いまはパソコンでも手書き風に記入することができますので、データ上で加工してもいいでしょう。そうすることで、これまで素っ気なかった資料が、手書きの部分が際立って、ポイントが一目瞭然になってきます。

パソコンを使えば、書体をいろいろ変えたり、下線を使ったり、囲ったりと、いくらでもポイントを強調する手段はあると思います。

要は、読み込まなくても、資料を見た瞬間にポイントが目に飛びこんでくるようにすることが狙いです。

「一目瞭然」を意識した資料は、説明の大きな補足材料になるはずです。

上手な説明は時系列にこだわらない

丁寧に説明しよう、正確に説明しようという意識が強い人のなかには、時系列にこだわりすぎて、最初から順を追って事細かに説明していく人がいます。しかし、こういった説明は多くの場合、まわりくどいだめな説明になってしまうことが多いものです。

私も会議や打ち合わせなどで、説明者が「そもそも……」とか、「ことの発端は……」などと言い始めたときは、「結論のほうから逆に回してよ」と思ってしまいます。

「そもそも……」から始まる説明だと、この話がこれからどこに向かうのかが見えてこないという不安のまま、以後の説明を聞かなければなりません。当然、結論に至るまで相当の時間がかかるので、これでは簡潔な説明とはいえないでしょう。

歴史の授業がつまらない理由の一つに、いつも時代の古いほうから順番に進めていくという点があると思います。

むしろ、「なぜ、いまの社会がこうなっているのか」といった結論から逆回しして、「この前にこういうことがあったから」、「そして、その前にはこういうことがあったから」と、説明するほうがわかりやすいし、興味を持って聞けるということもあります。

時系列にこだわるのであれば、逆回しで説明していくというのも、相手が理解しやすい一つの手法だと思います。

基本的に説明とは、行き先のゴールを先に見せて、あとは時系列にこだわりすぎず、問題の優先順位で説明していくことがもっともわかりやすい説明になります。

「いま、急いで結論だけ言いますと……」、「これだけはいま、意思決定していただきたいのですが」といった言い方で、優先事項から話していくという方法です。

相手が急いでいるようなときに、「そもそも……」から説明を始めていると、「いったい君は何が言いたいんだ」と説明下手の印象を相手に与えてしまいます。

トラブル処理の相談など、正確に時系列をおさえるべきこともちろんあります。そういった事象については、プリントに打ち込んで、何月何日どういうやり取りをしたのかなどをまとめておけばいいのです。

ただし、口頭で説明する場合は、そのプリントから離れて、ポイント、優先事項から説明をするようにしましょう。

時系列の正確な整理は、資料としてまとめておくという対処がベストで、実際に説明をするときには、優先度の高いものから話すことで、「まわりくどい説明」を避けることができます。

相手を納得させるタブレットの活用

ＩＴ技術の進歩で、これまではなかったような道具が、説明の際に使われるようになってきました。その代表例が、タブレットでしょう。

私も打ち合わせの際は、よく活用しています。何かを説明していて、補足したい内容や、相手からの質問に対する答えなど、その場でさっとタブレットで検索して、相手に見せたりします。

これまでは説明のなかで、聞き手から質問が出されたり、補足して話したいことがあっても、自分がその場でわからないことの場合は、「あとで調べて、お知らせします」と答えるしかありませんでした。

それがいまは、タブレットで即座に検索し、場合によっては、その情報のある

ＵＲＬを相手にメールで送り、「このページを、いま開いてください」と説明することもできます。

テレビ番組の打ち合わせなどにも、私はタブレットを持参しますが、プロデューサーのほうもタブレットを持ってきていて、話していないほうが「いま、調べますね」とお互いに検索し合って、打ち合わせをしています。

こうすると、その場で資料がスピーディーに閲覧できますし、意思決定もスムーズに進み、とても効率よく打ち合わせをすることができます。

二人で一緒に見るとなると、スマホの画面では少し小さすぎますので、Ａ４くらいの大きめのタブレットがちょうどいいのでしょう。


その場で確認したり、ライブで検索するということは授業でもよくやることです。「それではいま、宮沢賢治の○○という詩を出してみてください」と言うと、学生はみんなスマホや携帯を持っていますので、瞬時にその詩を検索して画面に出します。そして、手元を見ながらみんなで音読するということが、プリントがなくてもできるのです。

ある楽曲や、テレビ番組などについても、言葉で説明するよりも、いまは検索してもらって、YouTube で現物を見てもらえば、一発で説明できます。

海外の様子なども即時に検索できますし、これだけの機器が手元にある時代なのに、意外に説明のときには、そういったものを使用しない人が多くいます。

私などは、打ち合わせなどの場で、「いま、スマホで検索すればいいのに」と思うことがしばしばあります。

いまはパワポが説明の際には活躍することも多いですが、説明者のつくった資料をただ順に見ていくパワポよりも、手元で検索してもらって、「ここにリンクしてください。そこにあるグラフをご覧ください」と説明するほうが、聞いているほうも説明をしっかり聞くのではないでしょうか。

つまり説明には、「一緒にやっている感」が、大事だと思うのです。一緒に同じ方向を向いて、手を動かしたり、ともに参加しているといった形式にすることで、聞き手も説明に必然的に引き込まれることになるのです。

私は話す側、あなたは聞く側、といった関係性ではなく、一緒に説明の場を担っているという関係性をつくる意味でも、スマホやタブレットは活用しがいのあるツールだと思っています。

最後の言葉を決めてから話し始める

説明の終わりには、うまい締めの言葉が必要です。本書で述べたような上手な構成で簡潔な説明をすると、あまりにもテンポがよすぎて、聞き手の頭に残らないということも出てきます。

そういったことを避けるためにも、ここまで展開してきた説明の大事な部分を取りまとめ、最後に短いフレーズで念押しをするといいでしょう。

簡潔で上手な説明にならなかった場合はなおさら、行ったり来たり、重複したり、焦点がぼやけた説明をしてきた場合が多いので、最後に要点を整理して簡潔なフレーズで再確認する必要があります。

説明の構成のつくり方で前述しましたが、説明の冒頭ではキャッチフレーズ的にポイントをワンフレーズで表現することをお勧めしました。

最後にも、また、この冒頭のフレーズをアレンジして使用してもいいでしょう。いずれにしても、説明のなかでいちばん大事なこと、いちばん言いたいこと、いちばん知っておいてほしいことを簡潔にワンフレーズにまとめることです。

短くて簡潔である、韻を踏んでいてテンポがいい、慣用句をもじっていてユーモアがある……など、聞き手の印象に残りやすいもの、記憶しやすいものになれば、締めの言葉としては成功といえます。

私は仕事や人生に対するヒントとして、「ミッション、パッション、ハイテンションョン」というフレーズをよく使います。この三つの要素によって、仕事も人生も壁を乗り越えていけるというのが私の持論です。

しかしこの三つの要素を、「使命、情熱、上機嫌」と日本語でそれぞれ表しても、聞いている人の頭にはなかなか残らないと思います。

「ミッション、パッション、ハイテンション」と言い換えることによって、みなさんの印象にも残るフレーズになっているのではないかと考えています。このように自分のいちばん伝えたい部分を、うまく記憶に残るようなワンフレーズに落とし込むことが大切なのです。

以前、日本経済新聞社から講演を依頼されたことがありました。講演前に、主催者の方と打合せをして、お話しさせていただくテーマも決まったのですが、私は最後に主催者の方に、「この講演で、どうしても伝えておきたいことはなんですか」とお聞きしました。

すると、「『情報は日経で』というフレーズを必ず伝えてください」とおっしゃられました。このフレーズも、とてもシンプルに言いたいことを表していて、短いフレーズで記憶にも残りやすいものです。そのときの講演会では、締めの言葉として私も使わせていただきました。

このような言いたいことを凝縮した締めの言葉は、説明の前に、先に決めておくことをお勧めします。決めないまま説明を始めて、成り行きでそのまま最後までいくと、どうしても締まった終わり方にならないものです。

「つまり○○は△△なのです」、「確認しますが○○だけは覚えておいてください」、「最後になりますが、○○のときは△△で」などと、先に決めておいて、そこにつなぐように説明を展開していくと、とてもいい終わり方になるはずです。

説明が上手な人の「雰囲気」

説明というものは、やはり聞き手の心に残って、初めていい説明といえるのです。そのためには本書で述べているような技術的な要素も必要ですが、それと同じくらい説明をする人の人格も重要になってきます。

「いい説明だったな」と聞き手が思うとき、その人は説明をした人の人柄も受け入れているのです。なんとなくこの人の雰囲気が嫌だというときは、その人の話を聞いてもけっして「いい説明だったな」とは思いません。

そもそもこの人の話を聞く気になるか、ならないか、という部分が重要なのです。相手が話を聞く気になってくれるということは、すなわちその説明者の人柄を受け入れたということなのです。

NHKの夜のニュースのメインキャスターや、紅白の総合司会も務め、いまは『クローズアップ現代+』の司会もされているのが武田真一アナウンサーです。

武田アナウンサーは、アナウンス力とともに、この人柄の部分も優れていて人気アナウンサーの地位を得ていると言ってもいいのでしょう。武田アナウンサーが説明をすると、彼の誠実な人柄が伝わってきて、視聴者は聞く気になるのです。

人にはそれぞれのキャラクターがありますが、一般的に言って、まずは知的でさわやか、てきぱきした明るい話し方で、誠実さや清潔感があるという点は誰にも受けのいい要素といえるでしょう。

また、比較的乱暴な口のきき方は避けて、ソフトな物の言い方も、現代に好まれる部分です。そのうえ、笑いを取れるユーモアセンスまで備えていると、これは最高ということになります。

ただ、安住紳一郎さんのようなアナウンサーレベルになれば、非常にうまく笑いを取ることもできますが、普通の人がそれをやると、かえって変なことを言って場の雰囲気を台無しにしてしまうこともありますので、あまり無理をして笑いを取りにいかなくてもいいでしょう。

笑顔や微笑みをたたえて、明るく軽やかに伝えることができれば十分でしょう。普段よりも少しテンションを上げた「上機嫌力」が、説明力のベースには必要といえます。

不機嫌そうに見える人の説明は、聞いていてもちょっと苦痛です。説明者の上機嫌な感じが、聞き手に「あ、この人、明るいな」、「てきぱきしていて、いい感じだな」という好感をもたらし、結果的に、説明をしっかり聞いてくれるのです。

誠実でてきぱきとした、上機嫌な人柄をアピールすることが、いい説明をするための基本といっていいでしょう。

緊張感を見せてはいけない

上手な説明をするためには、緊張感をあまり出さないということも非常に大切です。緊張感が出すぎてそれが相手に伝わると、聞いているほうも疲れてしまいます。リラックスした感じ、慣れている感じが話し手にあると、聞き手もしっかりと耳を傾けてくれます。

プレゼンの大きな舞台に出るような方は、何度も何度もものすごい練習をするそうです。やればやるほどうまくなると言われていて、練習を重ねることでどんどん手慣れてきて、最終的にはほとんど緊張しないところまでいくそうです。

そうすると本番で、その落ち着きが会場にいる人たちにも伝わって、いいプレゼンになるといいます。

逆に、ガタガタと緊張していて、挙動不審になってしまうと、「この人、自信なさそうだな」と思われて、聞いているほうも不安になってしまいます。

これは、落語をイメージしていただくとわかりやすいと思います。落語を聞いて笑うというのは、話している噺家さんが手慣れていて、大船に乗ったような気持ちでゆったりと聞かせてくれるから笑えるのです。

噺家さんが、「次にこれを話そう、次はこれを話そう」と忘れないように緊張して必死になっていたら、その緊張がこちらにも伝わってしまって笑えないはずです。

現在、『笑点』の司会をやっている春風亭昇太さんは、いつでも上機嫌で明るく、緊張というものをぜんぜん見せません。それが『笑点』の笑いをつくっているといえます。

あのリラックスした空気感はなかなか出せないもので、さすが『笑点』の司会に抜擢される人物だということでしょう。

上手な説明にも、このリラックス感、慣れている感はとても重要な要素です。

ツッコミ力で説明のテンポを上げる

説明における話し方としては、あまり嫌みを言ったり、皮肉を言ったり、少し際どいネタで笑いを取ったりということは控えたほうが無難です。

ネガティブな話題、毒舌は、お笑い芸人ですらしくじることもあるわけですから、一般の方はあまり無理をしないほうがいいでしょう。

私自身も、とくにテレビでは無理をしないようにしています。講演会では多少、踏み込んで毒舌に近いことを言ってみたりしますが、それもほんの少しです。いまではライブの講演会でも録音、録画している方がいることも多いので、不用意な発言が大問題になることもあり得ます。

どうしても笑いを取りたい、このジョークを言いたいというのであれば、ツッコミ力を上げることです。

大阪ではボケた瞬間にみんな笑ってくれるそうですが、東京ではツッコミが入ったところで初めて笑うそうです。つまり、東京の人は常識側に立っていて、「それはないだろう」というツッコミがあって、やっと、自分もそう思っていたんだという安心感とともに笑うのです。

ですから説明のなかでジョークを言うとしても、「でも、そんなうまい話はないっていうことです」、「でも、みなさんが聞きたいのはここですよね」と、自分で上手にツッコミを入れることができれば、笑いも取りながら、テンポもよく説明を展開していくことができるでしょう。

ただし、これはかなり上級テクニックですので、よほど自信のある方以外にはお勧めしません。

無理に笑いは取りにいかず、毒舌や過激な発言も控えたほうがいいでしょう。それよりも、王道に則って、誠実でてきぱきとして、上機嫌な人柄をアピールすることが、いい説明をするための近道だといえます。

説明のときの話し方で注意すること

上司に説明する場合と、部下に説明する場合のように、相手との上下関係で話し方がガラッと変わる人がいますが、これからの時代は、上下関係をあまり意識しすぎない説明の仕方が大切だと考えています。

相手によって口調を的確に変えられるのであればまだいいですが、言っている本人に意識はなくても、言われた部下がパワハラと感じるような物言いであれば、それはアウトです。

同僚や部下に対しても、上司に対するように、礼儀正しく、あくまでもパブリックな接し方をするというのが理知的な人とみなされ、その人のまわりからの評価も上がるのではないでしょうか。

一生懸命説明していると、ヒートアップしすぎて、つい口調が乱暴になることもあり得ますが、いつでも録音されているつもりで、失言をしないように常に気をつけましょう。人に説明する、教えるというときには、説明するほうが相手より立場が上だと、つい横柄な口調になりがちですが、そこは注意が必要です。

また、説明の際の話すテンポについては、いまの時代は、少し早口なくらいがいいのでしょう。

ただこれは、それぞれの「スタイル」がありますので、ご自分で一度、説明している声を録音してみて、どのような自分を打ち出すか考えてみたらいいと思います。

私は声が高いので、子どものときから、話が速いのです。私のこの声の高さでゆっくり話すと、変な感じになってしまうのです。

逆に、低音の人は、早口よりもゆっくり話すほうが、声にマッチします。こういった話し方については、身体的なものと関係しているので、個人に合ったスピード、テンポを見つけてください。

パーソナルな部分を見せるようにする

いま、多くのテレビ番組やCMなどで活躍しているのが、タレントのマツコ・デラックスさんです。マツコさんのバラエティや情報番組でのコメントを聞いていると、「私個人はこう思います」と、かなりズバッとご自分の意見を言うことが多いのですが、こういった部分が好感度を上げている要因ではないでしょうか。

やはり一般的なことばかり言うのではなく、個人的意見を開示してパーソナルな部分が見えるほうが、その発言にリアリティが出て、見ている人も引き込まれるのです。

たとえば、いくらAIが進歩したとしても、人格のないAIがただ落語をしゃべってもさほど笑えないはずです。生身の人間が落語をやるから、噺家の人間性がそこに落とし込まれて面白くなるのです。

このことは説明においても同じです。誰がやっても同じような説明であれば、聞いている人の心は動かせません。

説明をしながらも、「自分らしさ」を適宜、付加していくべきです。「私もこの商品を使っていましたが……」、「私が実際に見たのですが……」、「私が前の会社にいたときの経験ですが……」など、パーソナルな部分を説明のなかに出すことでリアリティが生まれ、聞き手も話に引き込まれていくのです。

いくら理路整然と簡潔に上手な説明をしたとしても、それはただ説明のうまい人というだけです。聞いている相手の心を動かし、何かを動かしだすような説明力というのは、ただ、わかりやすいというだけではありません。

そのわかりやすさのベースに、その説明者の人間性、顔がはっきりと見えていて、それが聞き手に受け入れられ、好感を持たれているから、その説明力が人を動かす力を持つのです。

結局のところ、説明を受け入れるかどうかというのは、その説明者を信用するかどうかということなのです。信用できるかどうかの基準となるのは、多くの場合「誠実さ」です。つまり、最終的には説明者の「誠実さ」といった、人としての基本的な部分に説明力は依《よ》っている場合が多いのです。

私の同僚にも、聞いている相手の心を動かしてしまうほど、ものすごく説明のうまい男性がいます。天才的なトラブル処理能力を持っていて、クレームに対処するときも、的確な判断力で必ず問題解決するのです。

彼になぜそのようなことができるのかというと、いちばんの大きな要因は、やはり彼の誠実さなのです。相手と敵対せず、寄り添って丁寧に言うことを聞き、常に正直で一緒に考える姿勢を持っている、そして、いつもさわやかで、情緒安定した雰囲気。それらが、「こんな誠実な人に向かって、これ以上クレームを言えないよな」といった空気をつくり上げ、相手の心を動かしているのです。

そのようなトラブル処理の経緯を、彼から聞くことがあるのですが、いつも「完璧ですね」と感心してしまいます。

問題を簡潔に整理し、的確な言葉で相手に説明を常にしています。このような説明の技術と、さわやかで誠実な雰囲気という人柄がセットになったとき、人の心まで動かしてしまう上手な説明になるのだと思います。

あとがき◎上手な説明を褒め称える習慣をつける

この本を最後まで読んでくださったみなさんは、説明力というものがどのような能力なのか、また、それを高めるための方法論も理解できたと思います。

これからは、日常生活やビジネスの場面、テレビを見ているようなときも、説明のうまい人に遭遇したときは、「この人、説明がとても上手だな」、「過不足なくコンパクトにまとめていてすごいな」と自然に気づくようになるはずです。

まず、上手な説明とは何たるかがわかる、ということが説明力向上には欠かせないのです。おいしい料理をつくろうと思っても、まず、そのおいしい味を知ってからでないとつくれないのと同じです。

また、上手な説明に出会ったら、これからはぜひ、「すばらしい!」と称賛するようにしてください。

本を読んでいてすばらしい説明に出会ったら、「この複雑な内容を、簡潔に説明していてすごいな!」と褒めてください。連続ドラマなどのこれまでのあらすじの記述を読んで、「すごいな！　このあらすじの要約力は！」と感心するのもいいことです。

説明力のある人や本、映画、テレビなどに出会ったら、称賛するということが大切なのです。「説明力のある人は、本当に世の中のためになるんだ」、「わかりやすい説明というのは、世の中への貢献度が高いんだ」という説明力に対するリスペクトが、実は説明力を上げていくモチベーションになるのです。

上手な説明に対して、「説明力があるなあ」と褒める習慣をつけていくと、説明力が意識化されていきます。これまでは無意識に行っていた説明が、常に意識化されることで、あなたの説明力アップにも必ずつながります。

ぜひ今後は、上手な説明を褒め称える習慣を身につけてください。

この本を参考に説明力をアップさせて、周囲の人とよりよい人間関係をつくっていただけたら、筆者としてもこれほどうれしいことはありません。

詩想社新書

詩想社新書発刊に際して

詩想社は平成二十六年二月、「共感」を経営理念に据え創業しました。なぜ人は生きるのかを考えるとき、その答えは千差万別ですが、私たちはその問いに対し、「たった一人の人間が、別の誰かと共感するためである」と考えています。

人は一人であるからこそ、実は一人ではない。そこに深い共感が生まれる――これは、作家・国木田独歩の作品に通底する主題であり、作者の信条でもあります。

私たちも、そのような根源的な部分から発せられる深い共感を求めて出版活動をしてまいります。独歩の短編作品題名から、小社社名を詩想社としたのもそのような思いからです。くしくもこの時代に生まれ、ともに生きる人々の共感を形づくっていくことを目指して、詩想社新書をここに創刊します。

平成二十六年

詩想社

齋藤 孝（さいとう　たかし）

1960年静岡県生まれ。東京大学法学部卒業。同大学大学院教育学研究科博士課程等を経て、明治大学文学部教授。専門は教育学、身体論、コミュニケーション論。著書に、『声に出して読みたい日本語』（草思社）、『雑談力が上がる話し方』（ダイヤモンド社）、『不機嫌は罪である』（KADOKAWA）、『読書する人だけがたどり着ける場所』（SBクリエイティブ）、『「文系力」こそ武器である』（詩想社）などがある。

詩想社
—新書—
30

頭のよさとは
「説明力」だ

2019年９月20日　第１刷発行
2020年６月23日　第６刷発行

著　　者　齋藤 孝
発 行 人　金田一一美
発 行 所　株式会社 詩想社
〒151-0073　東京都渋谷区笹塚1—57—5 松吉ビル302
TEL.03-3299-7820　FAX.03-3299-7825
E-mail info@shisosha.com

D　T　P　株式会社 キャップス
印刷・製本　中央精版印刷株式会社

ISBN978-4-908170-21-8

詩想社新書

1

リーダーのための「人を見抜く力」

野村克也

忽ち3刷！　各メディアで絶賛。名捕手、強打者にして名将といわれた著者の実績を支えていたのは、独自の人間観察眼だ。人間性や将来性、賢明さなど、どこに着眼し、どうその人間の本質を見破り、育てるかを初めて明かす。

本体880円＋税

20

権力者とメディアが対立する新時代

マーティン・ファクラー

特定メディアへの敵意をむき出しにするトランプ、安倍…権力者とメディアの闘いの最前線と、新メディア乱立でフェイクニュースがあふれる時代のメディアリテラシーをニューヨーク・タイムズ前東京支局長が説く。

本体920円＋税

21

書き換えられた明治維新の真実

榊原英資

日本が列強の植民地とならず、急速な近代化を成し得たのは、徳川幕府の功績だった。勝者による歴史解釈・薩長史観を排して、テロとポピュリズムによるクーデターという明治維新の実態に迫る。

本体920円＋税

22

「日米基軸」幻想

進藤榮一
白井聡

「米国について行けば、幸せになれる――」。戦後日本人が抱き続けた幻想の正体。アングロサクソン支配の世界構造が激変する中、なぜ、日本は米国に盲従するのか。「日米基軸」という幻想に憑かれたこの国の深層を解き明かす。

本体920円＋税

詩想社新書

23

成功する人は、「何か」持っている

野村克也

「素質」でも「運」でもない「何か」が人生を決める。プロテストを受け、なんとかプロ入りを果たした無名選手の著者は、いかに名選手ひしめく球界を這い上がったのか。プロ最下層から夢をつかんだ自身の物語を初めて明かす。

本体920円＋税

25

「金融緩和時代」の終焉、世界経済の大転換

榊原英資

水野和夫氏推薦！　世界各国で緩和政策が終焉を迎えるいま、グローバリゼーションの矛盾と近代資本主義の限界に私たちは直面している。ポピュリズムが台頭し、統合から分断へと向かい出した世界のその先を読む。

本体920円＋税

26

株式会社化する日本

内田樹
鳩山友紀夫
木村朗

私たちはいつから、株式会社・日本の従業員になったのか。人々に従業員マインドが蔓延し、急速に劣化した政治。成長を追求してきた資本主義は行き詰まり、対米自立の夢は挫折した。平成という特異な時代の実像から戦後日本の深層を読み解く。

本体1000円＋税

28

25％の人が政治を私物化する国

植草一秀

25％の「今だけ、金だけ、自分だけ」を行動理念とする人々が国政を私物化し、政治家、財界人、官僚など社会の中枢を担う人々が自己利益の追求に血道を上げている。どうすれば多数の有権者のための政治を取り戻せるか考察する。

本体920円＋税

詩想社のベストセラー

「文系力」こそ武器である

ぼんやりとした「文系人間」の真の強みを明かす

齋藤孝 著

新書判／224ページ／ISBN978-4-908170-02-7
定価：本体920円＋税

「文系は役に立たない」は本当なのか?「理系になれなかった人」が、文系なのではない。理系にはない文系の真の強みとは何か、またそれが社会をどう動かしてきたのかを明らかにし、文系力の鍛え方、社会と自分の人生への生かし方を説く。あなたの中の文系力が最強の武器になる!

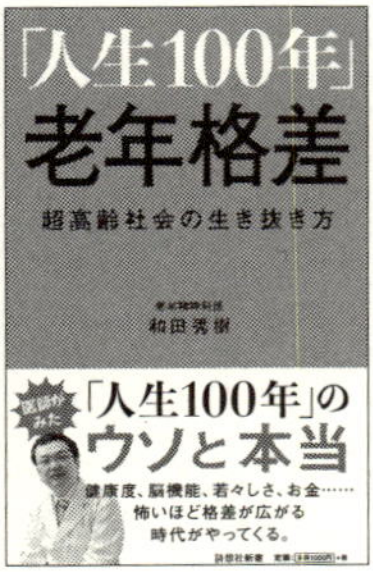

「人生100年」老年格差

超高齢社会の生き抜き方

和田秀樹 著

新書判／192ページ／ISBN978-4-908170-20-1
定価：本体1000円＋税

発売即重版! 老年医療のプロフェッショナルが徹底解説! 脳機能の低下やフレイルを食い止め、脳と体の健康・若々しさを保つコツ。人生100年の真の姿を解き明かし、延長する老いの期間に備えて、身体と脳の若々しさと健康を保つ方法、幸せな老いを迎えるためのヒントを説く。